トロツキー暗殺と米ソ情報戦

野望メキシコに散る

Shinozaki, Tsutomu
篠崎 務

[redacted]

4

3/NBF/T2257

[10 groups unrecovered].

We ... up[KOLLEKTIV] our warm wishes for the New Year

[xvii] ... SEMEN[xviii]

Footnot... Lavrentij Pavlovich BERIYa.

...TY's external Nos 174-176 of 29 December 1943 ...256).

...iples of prescription-writing[RETsEPTURA]".

... in a vehicle/driven".

...sition/staff/membership" etc.

...: Jaime Ramon MERCADER.

The changed covername "GNOM", ie "GNOME", occurs on 29 December 1943 (Footnote [ii]

This is the only recovered occurrence of c... name "RITA" on the MEXICO CITY link. It o... NEW YORK-MEXICO secret writing letters from January to November 1943; and on the NEW Y... link from May to September 1943 and in one... two later messages (eg NEW YORK's No 1144 ... 10 August 1944, 3/NBF/T224.5).

...ance of Parts II and III is not certain and may...

...urs in MEXICO CITY's Nos 218 of 29 March 1944 ... April 1944 (T869) and 474 of 6 June 1944 (T686...

...f a word or name: most Russian words in ...ER ...h words in ...er.

...essel used for distilling etc.

[xi] GLITSERIN: ie "GLYCERINE"; unidentified covername. ... occurs in MOSCOW to MEXICO CITY No 237 of 20 April 1944 (3/NBF/T951); and in MEXICO ... Nos 55 of 15 January 1944 (unpublished), 23... 6, 21 April 1944 (T947, T730) and 474 of 6 June 1944 (T686).

まえがき

レーニンと共にロシア革命を推進した革命家トロツキーが、スターリンの意向を受けたNKVD（内務人民委員部）の工作員によってメキシコで暗殺（一九四〇年）されてから、早くも六九年がたつ。

ソ連国内外を問わず、「スターリン主義」の影響が強かった各国の共産党ならびに社会主義国家にとっては、生命の危険を顧みることなく、執拗にスターリン批判を続けたトロツキーは、極めて疎ましい存在であったのみならず、既存体制の破壊分子とみなされて警戒されていた。スターリンが、その最後の亡命地であるメキシコまで刺客を放ってトロツキーを惨殺させたのも、その個人的恨みがいかに根深いものであったかを物語っている。

しかし、トロツキーの死後、彼の存在は「歴史の後景」の彼方に追いやられ、多くの研究者からも忘れ去られただけではない。ましてや一般の人々にとっては、不条理極まりない「スターリン主義」に果敢な闘争を挑み、揚げ句の果てに抹殺された悲劇の革命家の肖像を知る由もない。その悲劇の革命家トロツキーの存在が、スターリン体制の批判者として蘇ったのは、一九八五年のゴルバチョフ政権出現後のペレストロイカ（改革）の波の中からであった。ソ連社会主義全盛期のスターリン時代、「反スターリン」の象徴的な言葉である「トロツキスト」のレッテルを貼られたら、いかなる人物も政治的、社会的に抹殺されたが、ペレストロイカに伴うトロツキーの「復権」によって、フルシチョフでさえ、かつてはトロツキストであったと言われても、それが一向に不思議がられなくなった世相の変化が生じた。換言すれば、トロツキーの評価は、時計の振り子のように大きく揺れ動いたが、今や「トロツキーとは何だったか」を、感情に捉われることなく、冷静に、歴史的な研究や評価ができる時代がやってきたと言っても、決して過言ではないのではあるまいか。

そうした折、米軍通信情報部がNKVDによるトロツキー暗殺者の奪還計画を暴露した極秘資料「VENONA」文書の存在を知ったことは、私にとって大きな驚きであった。

実は、数々の名作テレビドキュメンタリーを世に送り出しながら、二〇〇八年一二月に六八歳の若さで亡くなった、元NHK「異色のこだわり派」ディレクターの片島紀男さんから二〇〇七年に「VENONA」文書の提供を受けたのだ。この「VENONA」文書は膨大なものだが、個々の暗号電報は省略や脱落部分が多く、難解でその全容を理解するのは至難の域を超えている。このため、デーリーワークに追われている片島氏は、腰を入れて翻訳する時間もなく、旧知の私に翻訳を依頼、一読した私は格別の興味を覚えてその全文を翻訳する作業を引き受けたのであった。

片島氏が「VENONA」文書に強い関心を持ったのは、彼が学生であった一九六〇年代に燃え上がった安保反対闘争に深く関わったことと関係がある。片島氏は学生時代、慶応大学法律学科自治会委員長を務めており、トロツキーが夢見た「世界革命」、「永続革命」を信じ、慶応大学の三色旗を掲げながら安保改定反対を叫びつつ国会に先導・突入する過激派であった。このため片島氏は、日本共産党から「トロツキスト」として非難され、また自らも「トロツキスト」であると認じていた。それから三四年後の一九九三年に、片島氏はメキシコシティ郊外、コヨアカンに、現在は博物館となっている、トロツキー暗殺現場を訪れ、その中庭にある彼の墓参りをする傍ら、館長を務めるトロツキーの孫、エステバン・ボルコフ（セーバ）に取材を行った。壁画界の巨匠ダビッド・シケイロスによるトロツキー襲撃事件、及びラモン・メルカデルによる暗殺事件を知る唯一の生存者「セーバ」より、生の情報を得るためだった。その成果は片島氏の遺作となった『トロツキーの挽歌』（同時代社）となって、世に出されている。

「VENONA」文書とは、ソ連外交電報に便乗した、NKVDの本部と出先の工作員を結ぶ暗号電報を、米軍通信情報部が解読したものである。傍受したソ連外交電報の解読作業を始めた一九四三年以来、その暗号の難解さのために何とか内容を読み取れるようになったのは、戦後の一九五〇年代に入ってのことだった。そこから浮かび上がってきたのは、「マンハッタン・プロジェクト（米国原子爆弾開発計画）」に次ぐ重要情報の一つである、二〇年の懲役刑を受けて服役中だったトロツキー暗殺の下手人、「ラモン・メルカデル」を力ずくで奪還せんとするNKVDの「ノーム作戦」だった。NKVDモスクワ本部と現地工作員との間で交わされた関連暗号電報は、公開された三〇〇〇通のうちの九七〇通にも及ぶ。そこに登場する本部・現地工作員たちは、スターリンのトロツキーに対する怨念晴らしの意向を受けて、暗殺を演出した者たちであり、暗殺実行に関わった者たちであり、服役後もなお身元を隠し通した、暗殺実行者であり、その奪還に携わった者たちである。

本書はこの「VENONA」文書を下敷きにして、「追うスターリン、追われるトロツキー」の歴史的流れを、トロツキーの歩み、及びそれにまつわる「そんなことだったの?」という事件や、エピソードを織り込みながらまとめてみたものである。「歴史的な復権」に伴ってその存在意義の再評価が今行われつつある「トロツキー研究」に、本書が何らかの貢献ができれば、わたしにとっては望外の喜びである。

二〇〇九年一一月

篠﨑 務

トロツキー暗殺と米ソ情報戦

野望メキシコに散る●目次

8● トロツキーの動向と暗殺の背後を追っていたＦＢＩ

プロローグ

「相変わらずスノウボールとナポレオンの意見は合致を見ませんでした。…（中略）…スノウボールが語り終えた頃には、票の趨勢はもう目に見えていました。

だがこの時、ナポレオンがすっくと立ち上がり、スノウボールに憎々しげな流し目をくれるなり、カン高い鳴き声を突然発しました。こんなナポレオンの声は、これまで誰も聴いたことがありませんでした。その時でした。小屋の外で物凄い咆哮が聞こえました。そして真鍮の鋲を打った首輪をつけた犬が九頭、納屋に躍りこんで来たのです。犬はスノウボール目掛けて殺到しました。スノウボールは辛くもこれを躱《かわ》し、犬の牙を逃れることができました。アッと言う間もなく、スノウボールはドアを飛び出し、犬たちがその後を追いました。驚きと恐ろしさのあまり、動物たちは唖然としたままでいました。動物たちはことの顛末を見極めようと、扉口に殺到しました。スノウボールは街道筋まで続く広い牧草地を必死になって走っていました。豚としては精一杯の走りでした。でも犬がすぐ後ろに追い縋《すが》っていました。突然スノウボールが足を滑らし、犬に捕まったかのように見えました。でも、すぐに体勢を建て直し、前にも増したスピードでまた走り出しました。犬たちもまた追跡を再開します。一頭の犬がスノウボールの尻尾に届いたと見えた瞬間、スノウボールは巧みにそれを躱し、何とか擦り抜けました。さらに、最後の力を振り絞って走り続け、際どいところで犬の牙を逃れ、垣根の穴を潜り抜けて姿を消してしまいました」（大石健太郎訳）

これは、監視社会を描いた小説『一九八四年』と並び、イギリスの作家ジョージ・オーウェルの出世作の一つとなった『動物農場』の一節である。両書とも、一九九〇年代後半にタイムズ誌が選んだ「二〇世紀の一〇〇冊」に選ばれている。またイギリスを中心にヨーロッパで二〇〇もの書店網を有するウォーターストーン社が一九九七年に行った、「読者が選んだ『世紀の一〇〇冊』」では『一九八四年』が第二位、『動物農場』が第三位に上げられている。更にナショナル・レビューが行った「世紀のノン・フィクション一〇〇冊」では、ジョージ・オーウェルが描いたスペイン内戦従軍記でもある『カタロニア讃歌』が、チャーチルの『第二次世界大戦』、及びソルジェニーツィンの『収容所群島』に次いで第三位に上げられている。

いうまでもなく豚に例えられた「ナポレオン」とは、トロツキーの言う、反革命行為のボナパルティズムを象徴するスターリンのことであり、もう一匹の豚、「スノウボール」はトロツキーを模したものである。この物語にはロシア皇帝が「ジョーンズ」、マルクス、レーニンが「メージャー」、NKVD（ソ連の国家秘密警察・内務人民委員部）が「犬」、民衆が農耕馬「ボクサー」として登場しており、革命後のロシア社会が、意図されたものとは異なった道を辿ったさまを具体的な事件を取り入れながら寓話的に批判している。

1●一〇月革命を支援したアメリカ資本とドイツ軍

●──日ロ戦争もアメリカ資本の援助で

一九〇四年二月六日、外務大臣小村寿太郎はガローゼン駐日ロシア公使を呼び出して対ロ国交断絶を言い渡した。その二日後には、日本海軍駆逐艦によるロシア旅順艦隊奇襲攻撃、及び日本陸軍の仁川上陸が行われ、事実上の日ロ開戦となった。だが、相互に「宣戦布告」を行ったのは二月一〇日のことである。この「宣戦布告」抜きでの先制攻撃を国際会議の場で大いに非難された日本は、それまでの条約には何らの取り決めもなかったことを理由に、その行為の正当性を主張した。このため、一九〇七年のハーグ陸戦協定では宣戦布告抜きでの開戦は禁止条項とされたのである。そして、その僅か二週間後の二月二四日には、後に「達磨さん」とも「日本のケインズ」とも言われるようになった日銀副総裁の高橋是清が戦費調達のために急遽米・英に派遣されている。幼時に仙台藩足軽の養子となった高橋は、一〇歳の時から横浜の牧師から英語を習い始め、一二歳からヘボンの私塾に選抜されていたため英会話に不自由はなかった。船と列車を乗り継いでの長旅で辿り着いた、ウォールストリートを吹き抜ける風は、まだ三月も半ば過ぎのこととて、重い使命を担っていたその身には一際肌寒く感ぜられた。何しろ当時の国家予算約六億八〇〇〇万円に対し不足分、一億円を何としてでも外債で調達しなければならなかったのだから、その任務の重さが窺われる。

▲…高橋是清

（一方、ロシア側では、一九〇五年の一月九日には血の日曜日事件がサンクトペテルブルグで起こっている。後にロシア第一革命とも呼ばれた全国規模の反政府運動であり、政府当局が強硬に弾圧を加えた事件だ。一月二三日に講演旅行から夜行列車でジュネーブに戻ったトロツキーは、一日遅れの新聞でこの事件を知った。一八歳から革命活動を始め、当時二六歳だったトロツキーは、その翌月密かにロシアに舞い戻っている。日本軍による奉天占領（三月）の一か月前のことである。レーニンがその後の革命支援のためにロシアに戻ったのは一一月のことであり、またスターリンは事件当時は、アゼルバイジャンのバクーでロスチャイルドの油田で労働者のために闘っていた）

訪ねた先々で高橋を待ち構えていたものは一様に「高橋さん、お気の毒ですがご要望には応じかねます」との冷めた言葉だけだった。「今までだって、白人国が本格的な戦争で有色人種国に敗れるようなことはなかったでしょう。世界中の金融市場が日本に勝目はないと思っていますよね。発行済みの日本国債ですら大幅に値を下げているじゃないですか」

予期していたとはいえ、色よい顔を見せてくれなかったアメリカの銀行家に大いに失望した高橋は、そこを早々と一週間で切り上げてイギリスに渡った。ロンドン着は四月一日だった。そこでも有力銀行、金融界の大物を訪ね、破格の好条件を提示しながら、日英同盟の誼《よしみ》までもちらつかせながら、根気良く国債販売のための交渉を続けねばならなかった。その際、やむなく割引価格を値下げしたのみならず、後に国内で大問題となったような、日本の関税収入までを抵当とせざるを得なかったほどであった。それまでして五〇〇万ポンドの外債発行には成功したが、当時、世界最大の石油産出量を誇っていたカスピ海のバクー油田の利権を持つロスチャイルド家は、その購入を遠慮した。

ロスチャイルド侯は「私は日本を応援しているのですがね、私たちが日本国債を購入すれば、すぐ（フランスの）ロスチャイルドにも知れましょうし、ロシア政府のユダヤ人迫害は一層ひどくなりましょう」と懸念を表明した。その代わりに、アメリカでのロスチャイルド家の金融事業の管理を行っていた、フランクフルトのユダヤ人ゲットー出身である、ジェイコブ・ヘンリー・シフを紹介してくれた。一九七七年にはリーマン・ブラザーズの一部門となり、一九八四年の部門売却でその名が消えはしたものの、およそ一二〇年にもわたってウォールストリートに君臨してきた投資銀行であり、その規模はＪ・Ｐ・モーガン

▲…ナサニエル・ロスチャイルド

▲…ジェイコブ・ヘンリー・シフ

▲…ジョン・ピアマント・モーガン

に次ぐ、クーン・ローブ商会の統率者である。アメリカ自然博物館やメトロポリタン美術館も、彼の肩入れで設立されている。
シフが日本に総額二〇億ドルにもなる資金援助を快く行ってくれたのは、日本がユダヤ人に代わってロシアに報復を行ってくれるだろうという思いを強く持ったためとも見られている。当時、世界各地で起こっていた反ユダヤ人運動に対抗するために、殊にアレキサンドル三世下のキシニョフでのポグロム（ユダヤ人迫害）に報復するためでもあった。この援助がきっかけとなり、世界各地での関心が高まり、それが日本の勝利へとつながっていったのである。

▲…ウッドロー・ウィルソン

一方、そのシフは第一次世界大戦では、アメリカ資本が友好国フランスやイギリスの戦費調達に協力する中で、それには非協力とも思える態度で接していた。むしろ帝政ロシアよりも、敵国であるべきドイツを間接的に利するようにさえなっていたのである。第一次世界大戦勃発時、シフはドイツに居る家族を思い、またアメリカの将来を思い、仮に連合軍が勝利を手中にしなくとも、早く戦《いくさ》を終えられるようにと、ウッドロー・ウィルソン大統領に働きかけてさえいた。彼は人道的目的でフランスなどに援助を行ったが、その援助の一部でも、未だユダヤ人の迫害を続けているロシアには流れないようにさせていたくらいだ。一九一七年にロシアの帝政が終わりを告げたときに、ポグロムも終わるものとした彼は、初めて自系列でのロシアへの貸付を公式に解除した。

南北戦争後に産業の急速な発展が始まり、資金需要の大いに高まったアメリカは、海外にその供給先を求めねばならなかった。それはとりもなおさずロスチャイルド家からの資金の取り込みのことであり、また一本立ちとなってスタンダード石油を仕切っていたロックフェラー、鉄道王ハリマン、それに鉄鋼王カーネギー等への融資者であり支援者にもなっていたシフを頼ることだった。彼はリーマン・ブラザーズやゴールドマン・サックスを含めたウォールストリートの銀行界をしっかり掌握していたのである。

●——辛亥革命も、メキシコ革命もアメリカ資本が支援

▲…孫文

孫文によって指導された一九一二年の中国革命*の際には、日本の支援者からも、孫文に対して物心両面にわたり何がしかの支援がなされていたことはよく知られている。それでも、大勢に影響があったわけではない。この場合も革命への決定的な支援はウォールストリートによるものであり、ニューヨー

*一九一一年一〇月一〇日夜に発生した革命で、一九一二年二月一二日には宣統帝の清朝が打倒されて、共和制に基づく中華民国が樹立され孫文が初代臨時大総統に就任した。

▲…パンチョ・ビラ（右）

ク債券引受団の関与が知られている。債券引受団がその融資からどの程度の利益を上げていたかは分かってはいないが、引受団が意図していたことや役割は、供給された資金、兵器の内容、それに関与する秘密結社に関する情報までも含めて詳細に記録されているといわれている。孫文はこの債券引受団に新革命中国における鉄道、銀行、通商上の特権を約束していたが、そのことは、融資の目的の露骨さを物語っている。この業務に関わった者の中に、ウェスティングハウス社の系列有力関連会社数社の重役でもあった弁護士のチャールズ・B・ヒルがいた。またロシアで、ウェスティングハウス社の子会社を組織したチャールズ・R・クレーンは、ボリシェビキ革命の第一及び第二局面において、有力な役割を担っていた男である。

ウォールストリートが支援したもう一つの革命の事例には、一九一五～一六年のメキシコ革命*がある。アメリカ合衆国からメキシコの革命家パンチョ・ビラに、船で輸送された武器、弾薬代、それに、輸送費、転送費としての三八万ドルも、ギャランティ・トラスト社とミシシッピーバレー・トラスト社を経由して、製造元のイリノイ州のウェスタン・カートリッジ社へ支払われている。このパンチョ・ビラは、一方では

＊二五年続いたディアス独裁政権に対し、同政権下での経済発展の結果政治・社会的に啓蒙された労働者や小作農を組織した政治的民主主義を求める勢力が一九一〇年に立ち上がって起こしたメキシコの革命。社会改革を求める諸勢力同士が互いに離反・対立した動乱期を経て、一九一七年の憲法制定で終結した。

革命後の混乱を制して大統領に就任したカランサを承認していたアメリカに抗議して、一九一六年一月には列車に乗っていたアメリカ人鉱山技師ら一六人を殺害した。さらに三月九日には国境を越えてニューメキシコ州コロンバスのアメリカ騎兵隊の駐屯所を攻撃し、百頭の馬やラバをとらえ、町に火を放ち、一七人の市民を殺したために、ウッドロー・ウィルソン大統領は、ビラを「山賊」と位置づけ、その懲罰のためにパンチョ・ビラ遠征部隊一万二〇〇〇人をメキシコに派遣した。この遠征には後のパットン将軍も中尉として加わっていたという。

●——目的のためなら相手を選ばぬ独占資本

本来なら革命を標榜する革命派と資本主義を代表する独占資本主義は、政治的には相容れないはずだが、政治と実業は表裏一体の関係にあることを忘れてはならない。双方ともに、民主主義という七面倒な手続きを必要とせずに、支配者の一存で動き回れるような、全体主義的、独占的な社会支配こそが、求める理想的な姿であるとしていたためだ。運動資金にこと欠く革命派は、独占資本にとっては有力な得意先でもあり、その成功の見込みさえ大なら、成就の暁には資金援助の担保とした利権も得られるという極めて有利な融資先なのだ。独占資本家にとっては、ロシアの支配者が皇帝（ツアー）であろうと、マルキストであろうと問題ではなかったのだ。支配者の威令が行き届くような中央集権体制ならどちらでも良かったということだったのだ。ただ勢力が地方に分散し、中央の一声で、ものごとを決することができないようになることには、耐えられなかっただけだったのである。

第一次世界大戦前、アメリカ合衆国の金融と商取引の構造は、二つの複合企業体、すなわち、スタンダード・オイル社を中心とするロックフェラー財閥、及び金融・運輸会社群を傘下におくモルガン系列によって支配されていた。ロックフェラーとモルガンの企業連合体は、ウォールストリートだけではなく、関連会社に送り込んでいる経営管理職を通じて、合衆国の全経済構造を支配していた。ロックフェラー財閥は石油とその関連産業を独占し、銅、精錬業、および巨大な煙草業をも支配していたのである。おまけに何百もの、より小さい産業合同体、公共サービス事業、鉄道、および銀行業機関だけではなく、U・S・スティール社のような幾つかのモルガンの所有物に対しても影響力を持っていた。ナショナル・シティ・バンクは、ロックフェラーのスタンダード・オイル社の影響が及ぶ銀行のうちで最大の銀行であったが、金融支配は、主要な生命保険会社、すなわちニューヨークのエクイタブル生命相互保険会社だけではなく、米国信託会社およびハノーバー全国銀行にも及んでいた。ギャランティー・トラストとバンカーズ・トラストは、それぞれ合衆国における一番目および二番目に大きい信託会社であり、いずれもモルガン財閥による支配下にあった。

●――不可解な資金の出所

トロツキーはパリで扇動的な文筆活動を積極的に行っていたため、一九一六年にはフランスから体よく追放され、次の行先となったマドリッドでも拘留されているが、拘留生活は優雅なものであった。その翌年の一月にはニューヨークに渡ることになる。資金も、定収もなく、おまけにロシア語とドイツ語しかしゃべれなかった彼が、そこでやれたことといえば、亡命先のユダヤ人を読者とする、発行部数も僅かばかりのロシア語の左翼機関紙『ノービ・ミール』（新世界）に寄稿するか、時たまの講演ぐらいのことだった。それでもせいぜい週一二ドルの原稿料と、僅かな講演料しか得られていなかったはずである。それでいながら彼は、その乏しいはずの懐から帰国者に旅費を援助したりしてもいた。そればかりではない、トロツキー一家が住んでいた所は、電話や冷蔵庫付きの結構なアパートだったし、時折、運転手付きの車をも乗り回していたのだ。トロツキーは「我々は労働者が住む地域のアパートを借り、月賦で買った家具を入れた。一か月一八ドルのそのアパートには、我々ヨーロッパ人には全く馴染みのない、生活を快適にさせるようなあらゆる仕掛けが整っていた。電気、ガスコンロ、浴槽、電話、無人エレベーター、それに家庭ゴミの投棄口までもだ。これで子供たちはすっかりニューヨークがお気に入りになってしまった。しばらくの間彼らは電話の虜にすらなっていた。ウイーン滞在時にも、パリでも我が家にはこの不思議な道具はなかったからだ」と控えめに述べている。

革命の動きを伝えるペトログラード（現在のサンクトペテルブルク）からの最初の電報を一九一七年三月に、ニューヨークで受けたトロツキーは、ロシアへの帰国準備にとりかかり四月には帰国を果たしている。その途次、カナダのハリファックスでトロツキー一行は、彼らを革命分子とみなしていた英国政府の差し金により、ドイツ人捕虜として拘束され、ドイツ人拘置所に入れられている。表向きの嫌疑は、彼にとっては二度目となる「ドイツのスパイ」だった。だがツアーの秘密警察「オフラーナ」による「ドイツのスパイ」説には英国政府も信頼を置けずにおり、ペトログラードよりの釈放要求に応じている。また、トロツキーがロシア語よりもドイツ語を流暢に話すので、敵性外国人（ドイツ人）と見られたためとも言われている。そこでは八〇〇人ものドイツ軍捕虜にまじり窮屈な暮らしを余儀なくされ、食器洗いや、じゃがいもの皮むきまでもさせられていたが、そのドイツ兵捕虜たちを相手に彼は熱心に革命の意義を説いていた。

その拘束の際にもトロツキーは、一万ドルという大金を所持していたのである。ボリシェビキ活動とアメリカでのドイツの資金の動きを監視していた上院の委員会でも、この一万ドルの出所をめぐり調査が行われている。一九一九年の上院のオーバーマン委員会に喚問された証人は、ドイツ政府が彼らを利用して、ロシア軍の破滅をはかるために渡したものだと述べている。またこのドイツから出た一万ドルは、抑留先のハリファックスのカナダ海軍当局に宛てた英国政府の公式電報においても触れられている。

当時革命分子のロシア入りを阻止するために、米国国務省はパスポートの発給手続きを厳しくしていた。国務省はストックホルムの米国公館から、ロシア向けパスポートの管理を厳しくしたと英・仏・露各国入管に通告したとの連絡を受け、早速管理事務所設置を許可したのだが、それはトロツキーがフィンランドからロシア入りした直後の六月半ばのことだった。結局トロツキーのロシア入りを可能にしたのは、ウィルソン米大統領の介入による、英国領通過許可及びロシア入国ビザ付きのアメリカ政府発行のパスポートが物を言ったからである。

トロツキー一行を乗せた「クリスチャン・フィヨルド号」がニューヨークを出航したのは一九一七年三月二六日のことだった。ニューヨーク滞在は二か月余になる。彼ら一行は「船底」に陣取っていたが、日本人が一人、自分と「船室」を分け合っていた、と後のアメリカ共産党員が述べている。この共産党員ステファンズは民主党前予算委員長のチャールズ・クレーンに特に招かれて行を共にしてロシアに向かっていた。クレーンは二三回以上もロシアを訪問し、同国との関わりも深く、ウエスティングハウス（ロシア）の創設者である。ウィルソン米大統領の友人で支援者でもあるクレーンは、また有力な財界人でもあり政治家でもあり、ケレンスキー革命時には一定の役割を果たし、今回もウィルソン大統領ともトロツキーともつながっていたステファンズを同行させていた。前駐独米国大使ドッドは「クレーンはケレンスキー革命の実現に大きな寄与をした」と述べている。その息子リチャード・クレーンはランシング国務長官の隠れ秘書だった。

ロシア皇帝追放（二月革命）後の一九一七年四月に、レーニン以下三二名の革命分子が亡命先のスイスからドイツ、さらにスウェーデン経由でペトログラードに向かった。当初は英国経由を目論んでいたのだが英・仏両国政府はそれを許すことはなかったためである。

無事戻ったペトログラード駅頭で一行を出迎えたのは、革命歌「ラ・マルセイエーズ」の大合唱だった。スイス発の際チューリッヒ駅頭で歌われていたのは「インターナショナル」だったが、車中で歌われたのは、やはり「ラ・マルセイエーズ」であり、その大合唱は沿線の林にこだましたと記されている。

その一方たばこ嫌いのレーニンは喫煙をトイレ内のみと限ったために、トイレの空きを待つ長蛇の喫煙者と実需者間に争いが起こったために二種の車内パスを発行し喫煙者を下位に位置づけていた。

この旅に便宜を与えたのは、ロシアと交戦中のドイツ軍参謀本部であった。ドイツ軍最高司令部はドイツ皇帝の直接知らぬところで、公認された計画の一部である軍事作戦の一環として、レーニンらを「封印列車」でロシアに戻すことにしたのである。ドイツ国内通過中は下車を禁じ、またブラインドも下ろして、ドイツ国民と接触しないようにすることを条件としたために「封印列車」と呼ばれるが、走行中のブラインドは上げられており、車内の雰囲気も陽気で密閉されていた雰囲気とはかけ離れていたようだ。

彼らを乗せた列車がドイツを横切って行くことは、東部戦線に展開していたドイツ第八軍の参謀総長エーリッヒ・ルーデンドルフによって公認され、助成され、かつその旅行の資金も賄われていたという。その計画は、もし、彼らの指導でロシアに革命が起こり、ロシア軍が解体されるようになれば、ロシアは第一次大戦から脱落せざるを得なくなるはずであり、そうなれば東部戦線の軍事負担がなくなり、ドイツ軍は西部戦線で英・仏軍のみを相手に、有利な戦いを進められることになる、という読みからだった。ロシア軍崩壊の手助けをし、第一次世界大戦からロシアに身を引かせることを目的としていたレーニン自身は、この旅そのものは誰が仕組んだものかは直接的には関知してはいなかったようだが、ドイツ政府が数件の財政的支援をしていたことは疑いもなく承知していた。レーニンはプロレタリア独裁政権の樹立を目的としており、ドイツ側も資金の提供によりレーニンの活動を容易にし、その成功の暁には、ソ連市場への優先的な進出が確保されることをも計算していたのである。

レーニンは、フランス及びドイツの同志の同意を得た上で、ドイツ側の意図に便乗したまでであり、「ドイツを横切らざるを得なかった。ルーデンドルフには彼なりの思惑があり、私には私なりの全く別の思惑があった」と帰国後の第一回全ロシアソビエト大会ではその間の諸事情を説明していた。トロツキーは「これをもって、レーニンをドイツのスパイだと非難する者はいたが、彼は何ら隠すことなく、労働者との関係を裏切るようなことは全くなかった」と述べている。

●――隠れ蓑として使われた国際赤十字

第一次世界大戦時、「中立と博愛」をモットーとしながらも、赤十字はその資金の大半をニューヨークの銀行家たちに仰いでいた。J・P・モルガン個人からの一〇万ドルを始め、多額の金がモルガン系他の銀行から寄せられていた。ニューヨーク連邦準備銀行の役員であり、メトロポリタン・ライフの役員でもあったウィリアム・ボイス・トンプソンは、一九一七年八月のアメリカ赤十字ロシア派遣団を組織し、その費用、制服代までをも含めて、全ての負担を申し出ていた。医師、看護師不足の救援目的とされていたが、実のところ現地ではその不足はなく、大都市の病院も空きが多かったくらいである。また、実際派遣団二四名中医師は五人しかおらず、大半はニューヨークの財界で活動していた弁護士、金融人であり、実質は赤十字派遣団ではなく、ウォールストリート派遣団だったとさえいわれている。通訳の中には後にレーニンの秘書を務めたロシア系アメリカ人、ボリス・レインスタインもいた。

▲…ウィリアム・ボイス・トンプソン

到着後間もなく、トンプソンはロシア・リバティ・ローンとは別に、ケレンスキーの秘書に、人民教育委員会用として二〇〇万ドルの寄付を行っている。ロシアに対独戦の続行を迫り、その宣伝のための印刷機、撮影機の購入他の費用とするためだ。また、七〜一一月のペトログラード滞在中にトンプソンは、ボリシェビキの理念をドイツとオーストリアに拡めるための資金として、一〇〇万ドルをボリシェビキに寄付している。

一九一七年、ウォールストリートの機関投資家は、ロシアにおける関連事業を赤十字社派遣団の陰で運営していた。革命時にロシアに代理人を置いていたギャランティ・トラスト社やナショナルシティバンクは、赤十字の管理者の知らないところで、赤十字社を革命活動の媒体、または隠れ蓑として利用していた。認可されていない目的のために赤十字の看板を使用することは珍しくなかった。皇帝ニコライ二世が、ペトログラードからトボルスクに避難したときに利用した列車は、日本赤十字社の標識を付けていた。赤十字活動の隠れ蓑のもとで革命活動を行っていたロシア人の赤十字社職員も逮捕されている。一九一八年のハンガリーでのボリシェビキ革命の間、赤十字のロシア人メンバーがウイーンやブダペストで発見されていた。赤十字社の制服を身にまとい、ボリシェビキだと名乗っている何人かのアメリカ人が、ボリシェビキのプロパガンダを広めるためにフランスからスイスに入った例も伝えられている。

この派遣団の中心的人物だった、ウィリアム・ボイス・トンプソンがボリシェビキ革命において果たした役割は大きい。彼の存在がなかったら、その後の歴史は全く異なったコースを辿ったかもしれないであろうとさえ言う者もいる。「トンプソンやニューヨークの仲間たちによって、トロツキーとレーニンに提供された資金、更に重要なものとして、外交上および宣伝活動上の援助がなかったとしたら、ボリシェビキは多分萎《しぼ》んでしまい、ロシアは社会主義ではなく、立憲的な社会に発展したであろう」とさえいわれている。

トンプソンは巨額な資金を有した投資家であって、商業プロジェクトの振興と履行のための才能に関しての能力は比類なく、政治的及び金融的権力の中心に素早く近づく能力も実証されている。

この人物は最初にアレクサンドル・ケレンスキーを援助し、次にボリシェビキの熱烈な支援者となっていた者と同一人物である。一九一七年の一二月初旬にロシアを去る前に、トンプソンはアメリカ赤十字社派遣団を副官のレイモンド・ロビンスに引き継いだ。その後、ロビンスはボリシェビキのプロパガンダを欧州に広めるというトンプソンの計画を実行するために、ロシア人の革命家たちを組織化した。「ロビンスはロシア人ボリシェビキからなる破壊的な団体をドイツに送り、そこで革命を始めることができたように思われる」

トンプソンは一九一七年一二月初めには、ペトログラードを去り、欧州の諸政府および合衆国にボリシェビキ革命を売り込む準備をした。帰途立ち寄ったロンドンではロイド・ジョージ首相と会っている。当時明らかに反ボリシェビキであった英国の戦時内閣に、ボリシェビキ体制が維持できるようにすること、英国政府が反ボリシェビキ態度を止めるべきこと、新しい現実を受け入れること、レーニンとトロツキーを支援すべきことを説得した。ニューヨークに戻ってからも、アメリカもそうするように試みた。なぜ、著名なウォールストリートの金融家と連邦準備銀行の取締役が、ボリシェビキ革命家を組織化し支援したかったのであろうか？　なぜ、一人ならず数名のモルガンの仲間が協力して、ソビエトの「志願

▲…アレクサンドル・ケレンスキー

兵からなる革命軍」の形成を助成したかったのであろうか？

少なくともトンプソンはロシアにおける彼の目的について率直であった。彼はロシアをドイツとの戦争に留めて置きたかったし、戦後のアメリカの事業のための市場としてロシアを保有したかったのだ。トンプソンとニューヨークの仲間は、ドイツによるロシアの貿易および産業上の搾取を怖れていたのであった。

要するに、「一九一七年の、アメリカ赤十字によるロシア派遣団は、中立を旨とする人道的な立場から行われたとは到底言いがたい。ウォールストリートの投資家たちが、ケレンスキーであろうとボリシェビキであろうと利用して、ロシアの市場や資源を支配するために影響力を行使し、地固めをするためのものだった。他にこの使節団の行為を説明しようもない。

トンプソンもロビンスもボリシェビキなどではなかったし、辻褄の合う社会主義者でもなかった。両人が社会主義者ぶっていたのは、より具体的な目的から目をそらすためだったと思われる。両人が心していたのは営利であり、個人的な投資目的を果たすためにロシアの政治制度を利用しようとしていたのだ。ロシアの人たちがボリシェビキ政治を望んでいたかは関心外のことであり、ボリシェビキ政権がアメリカに抗するようになるかにも全く関心がなかった。新政権の理念はどうであれ、彼らと一緒になって政治的、経済的な影響力を行使できるようになることこそが唯一、絶大な目的であった。ウィリアム・ボイス・トンプソンが単独で行動していたとすれば、彼が連邦準備銀行の役員であったからとて、そんなものは何の役にもたたなかったであろう。だが、彼が率いた使節団が、主としてウォールストリートの機関投資家たちから構成されていたということは、意味深い問題を提起している。実際、使節団の派遣はウォールストリートのシンジケートが計画し、予め企んだ上で行ったものだったのかということだ」（アントニー・サットン著『ウォールストリートとボリシェビキ革命』第五章）。

このトンプソンも一方では、現実主義者であると同時に理想主義者でもあり、科学に興味を抱き、広範な慈善活動をも積極的に進めていた。鉱山事業から始まり、多面的な活動から得ていた巨利を、これらに惜しみなく注ぎ込んでもいた。ケレンスキー社会民主主義政府ではいかんともしかねていた、飢えに苦しむロシア人民の救済のためにアメリカ政府が用意した救援資金に、自分の懐からも一〇〇万ドルを上乗せしたのみならず、ウィルソン大統領に一層の支援を要請しながらも断られている。また食糧供給と社会正義の切り離せぬ関係をロシアで学び、私財一〇〇〇万ドルを投じてボイス・トンプソン植物研究所を創設したほどでもある。彼は死後手持ちの宝石や、蒐集した貴重な鉱石見本を、ニューヨークの米国自然博物館に寄贈している。

2●トロツキーの暗殺者たちはスペイン内戦育ち

▲…アイゼンハワーを迎えるフランコ

●――モロッコ兵と鉄兜

一九六九年の晴れ上がった秋の午後。アイゼンハワー大統領以来一〇年振りにスペインを訪れたアメリカ大統領を一目見ようとする市民でマドリッドの中心街は溢れかえっていた。その大統領、ニクソンと後部座席でにこやかに談笑し、また市民に手を振っていたフランコ大統領を乗せたオープンカーを、きらびやかな、それでいて威厳のある制服に着飾った姿で先導していた槍騎兵の一群は、皆モロッコ出身兵だった。またパレードの道筋を護衛する前のひと時を、横道で一休みしていた小柄な兵士たちも、肌の色からモロッコ出身の兵たちだったと思われる。その彼らがかぶっていた鉄兜は、耳もとまで切り込みの入った、あのドイツ軍風のものだった。このモロッコ出身兵も、ドイツ軍風鉄兜も、双方実はスペイン内戦の背景を象徴的に物語っていたのである。

スペイン内戦は一九三六年七月に、第二次共和政府の転覆を図った将軍たちによる、植民地モロッコ発のクーデターで始まり、一九三九年四月まで戦われた、スペインの政治形態を決定的に変えてしまった内戦である。

▲…ヒトラーとフランコ

結果的にはフランコ将軍指揮下のナショナリスト反乱軍の勝利により、一九七八年まで続くことになるファシスト政権が出現したのである。

一方、国際的にはヒトラーのドイツとムッソリーニのイタリア、両ファシスト政権、更には隣国ポルトガルといった、ファシスト反乱軍を支援する勢力対スペイン左翼勢力を後押しするスターリンのソ連や、メキシコのカルデナス政権との代理戦争でもあった。またスペインを舞台とした、両勢力による戦車や飛行機を投入しての近代戦のテストの場でもあり、目先の第二次世界大戦にもつながっていった戦いでもあった。それればかりではない、共和派左翼勢力内部でもアナーキストと共産党とは相容れず、その左翼勢力の後押しをするソ連も、ブルジョアジーとの協働を容認する共産党を支援するスターリン派と、あくまでプロレタリアと農民解放を目指すトロツキー派の闘争が、そのままの形で現地に持ち込まれていたのだった。その両派の対立の中で、スターリン派として暗躍した軍事顧問や、工作員たちが後にトロツキー暗殺に関わることにもなったのである。

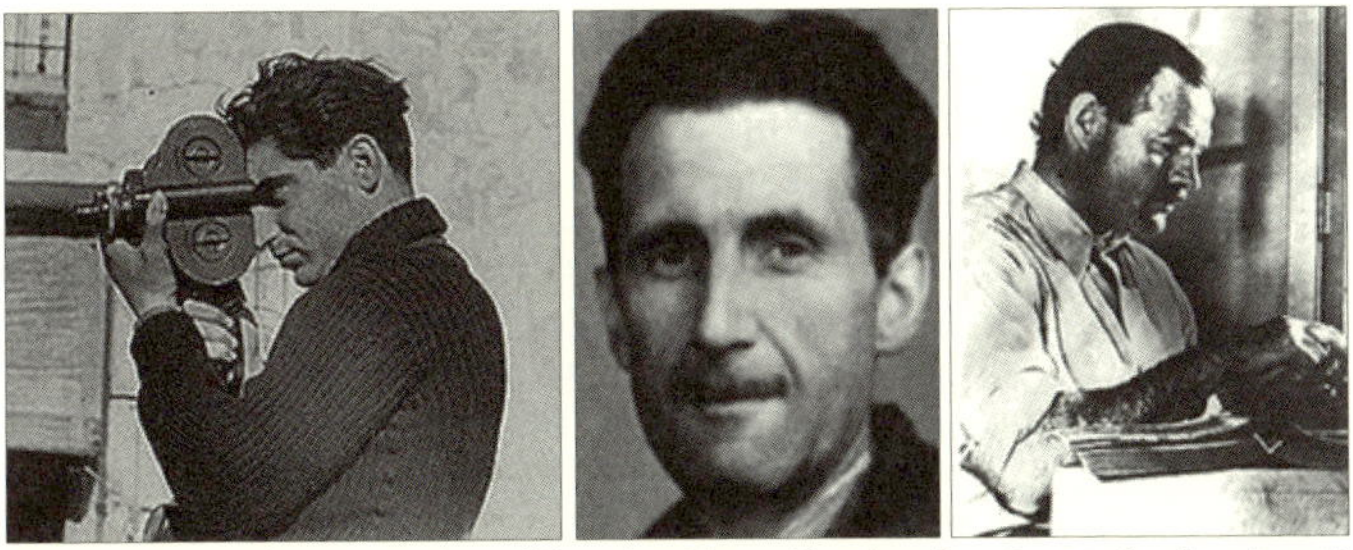

▲…右からアーネスト・ヘミングウェイ、ジョージ・オーウェル、ロバート・キャパ

ファシスト、共和両勢力内でも、家族さえ相分かれて戦った冷酷な戦い、邪魔者と見なした者は無辜《むこ》の市民でさえ容赦なく消していった残酷な戦いぶりは、報道機関が本格的な活動を始めた折でもあり、世界の隅々にまで伝えられた。そのため、ジュリアン・ベル、アーネスト・ヘミングウェイ、ジョージ・オーウェル、ロバート・キャパといった世界の著名文化人のみならず、広く各国民の関心と同情を集め、多くの国から義勇軍参加者が現れ、それはアメリカ主導による「国際旅団」の編成にもつながっていったのである。

●――絶対王政、カトリック支配からの脱皮

一八一二年の憲法制定以来、勢力を拡張し始めたリベラル勢力（共和派）は、絶対君主制の廃棄を提案し、自由国家の建設を目指していた。その一方「神、国家、王」という旗印のもとに、絶対主義とカトリックというスペインの伝統を維持せんとする王制派は、ナショナリストと手を組んで改革の阻止を図っていた。また共和派の左翼では、ロシアを除いてはヨーロッパでは最強、最多を誇るアナーキストの存在が大きかった。

一八七三年には立憲君主制から第一次共和制に移行はしたものの、長続きはせず、一八八七年から一九三一年まではアルフォンソ一三世による王制が布かれていた。だが、その存在基盤は弱く、その間一九二三年には王制下で、事実上ミゲル・プリモ・デ・リベラ*の軍事独裁政権となっていた。そのリベラも権勢の保持ができず、一九三〇年には追放の憂き目にあい、結局、王制の維持も叶わなくなっていた。一九三一年には共和派が地方や都市部で市民の支持を得た選挙で勝利したために、左翼と中道派の連立下で第二次共和制が誕生したのである。

そこでは抜本的な改革が実施されている。少数の貴族がほとんどの土地を所有し、何百万もの農民を支配している封建制並みの社会で、その日暮らしを余儀なくされていた貧農への土地分配が承認されたのである。後述のトロツキー暗殺者の義父一族は、バルセロナのほとんどの土地を所有していたとさえいわれている。むやみに数が多い教会は莫大な財産を保有し、巨大な影響力を持っていた。修道僧、修道尼の数は七万人にもなる。そのため聖職者の特権剥奪は急務とされた。また軍事予算の切り詰めも行われた。当然ながら共和派政府は、猛烈な反対の矢面に曝《さら》される結果となった。

同年一二月に制定された新憲法には、国民参政権や個人の信仰の自由ばかりでなく、現在でも認めていない国が多いような進歩的な条項が多々盛られている。ただ例外としてカトリック教会の権利は厳しく制限を受けていた。政教分離を唱えながら、政府はカトリック教会がその支配下の学校で行う宗教教育へ介

＊一八七六年には憲法を停止して、独裁体制の強化を図っており、一九二三年九月に、保守層の支持を得てクーデターを起こし、国王アルフォンソ一三世より首相に任命され、一九三〇年までスペインを独裁支配した。

入し、教会の財産権や投資活動を制限し、教会財産の所有禁止と没収までも行えるようにした。そしてイエズス会までもが活動禁止となったのである。やがて、政府は大衆の反カトリック感情や、司祭や尼僧が殺害されるようにもなった教会や修道院への襲撃行為を抑制できなくなったために、教会側も自衛軍を集め対立を深くしていった。

●―画期的な新憲法

新憲法下での、この反教会的な取り決めだけが内戦の導火線となったわけではない。中央集権主義か、地方分権主義かという政治問題、カタロニア問題、共産主義者とアナーキストの対立、それにファシストの台頭も内戦への道程にあった。左翼も一本ではなかった。当初、社会主義者と急進派は民主主義を支持していた。これに対し共産党とアナーキストは、右派勢力同様に共和制には反対していた。社会主義者間でさえも割れていた。社会主義者の先を行くマルキスト集団と、一方ではマルキシズムに固執しながらも、コミンテルン（共産主義インターナショナル）の決議を拒否し、レーニンでさえも問題視していた他の集団である。この間、共和政府に反対する右派勢力の間でも徐々に地固めが進んでいった。王制派、強力な教会支持派、中道や急進的な伝統主義者、保守派、それに台頭してきたファシストたちである。

この一九三一年の新憲法では、労働者、農民、女性が第二共和制政府に期待を大きく持つようになった破格な制度改革が見られた。殊に社会面では女性の地位の向上が目につく。女性に参政権が与えられ、女性が官職に就く権利も、また結婚も届け出だけで成立し、離婚でさえ同意だけで成立することになり、女性が子供を引き取る権利までも含まれていた。一九三五年にはそれまで合法だった売春も禁止になった。労働条件面でも、連合の自由、組合参加の自由、一日八時間労働、夜勤後の八時間休養、日曜休日制等が採り入れられている。ただこの憲法も、内戦開戦前夜までにはほとんど骨抜きとされていた。一九三三年の選挙ではCEDA（自治権同盟）が多数を占めたものの、過半数には達していなかった。そこで旧勢力のサモラ大統領はCEDAによる組閣を拒否し、急進共和党にその任を命じた。それでも組閣に協力したCEDAには閣内に三つのポストが与えられた。その後、左右両勢力の対立は高まり、スペイン北部の鉱山ストライキを始め、ゼネストや、マドリッドでの街頭での争いごとが増えていった。政府は、こういった社会不安の大部分を鎮圧し、政治犯の逮捕が行われた。大統領は、右派と手を組んだことや、一九三四年の反抗を徹底的に弾圧したことに、スキャンダルが加わり、党も支持を減らしたまま一九三六年の選挙に臨んだ。

凄まじい接戦となった一九三六年の選挙では、人民戦線が三四パーセント、現職のCEDAが三三パーセントの票を得た。PSOE（スペイン社会主義労働者党）、共産党、リベラル、各地のナショナリストたちが手を組んでの勝利だったのである。この選挙の結果、それに社会党の入閣拒否が、革命への恐怖を身近に感じさせるようになってきた。殊にスペインのレーニンとも呼ばれたラルゴ・カバレロが、連合から中道を除去するために、国家は今や革命の際にあると述べてからは、それは一層強く感じられるようになった。中道社会主義派はそれを挑発行為であると非難した。

コミンテルンにとっては、統一に欠けながらも勢力を伸張している左翼に比し、右翼勢力の弱体化は願ってもいなかった状況だった。狙いは合法的な民主主義の組織を装いながら右派を非合法化して、左翼が全面的に支配するソビエト流「人民共和制」に国家を転ずることにあった。スペイン共産党もそれを公言していたものである。

●――教会の破壊、要人の暗殺

民主主義に沿った手法を尊重しながら、斬進的改革を標榜していたリベラル派のマニュエル・アサーニャ*は社会党抜きでは少数派だったが、とってつけたような理由と、憲法にすら違反したサモラの追放後に跡を継いだ。右翼もサモラの追放には一役買ってはいたものの、大勢として保守派の多くが議会政治に愛想をつかせる情勢となっていた。

一九三一～三三年にアサーニャが推し進めた改革は、スペイン右派に猛烈な嫌悪感を与えていた。スペイン軍の将官たちも、以前予算を削られたり、彼が陸相時代に士官学校を閉鎖したことに恨みを持っていた。CEDAは選挙資金をモーラ将軍に渡し、王制派のソテロがCEDAのロブレに代わり、国会での右派のスポークスマンの主役を務めることになった。

＊一九三六年五月から一九三九年四月までスペイン第二共和国最後の大統領。近代化改革を推進したが貧民層には不満を残し、また保守層からも反発を招いた。

この緊張の高まりの中で、急進派は一層攻撃的になり、保守派は議会頼みの、自警的行動に出るようになった。政治衝突で暗殺された者は三三〇人、怪我人は一五一一人を数えるが、暗殺未遂は二一三件にもなる。ゼネストも一一三件、大半は放火で破壊された宗教関連の建物も一六〇にも及ぶ。一九三六年七月には都市部での暴動鎮圧を目的とする警察の襲撃守備隊警部の社会党員を極右勢力が暗殺した。その翌日には下院保守派の指導者であり、王制派の有力議員、カルボ・ソテーロが襲撃守備隊の復讐の弾丸を浴びて倒れた。それが社会主義者の差し金による暗殺だったかどうかは不明だったが、警察が関与していたことは、中道及び右派の疑念や、猛烈な反発を呼び起こした。ソテーロは、反宗教のテロ行為や、土地の没収や、性急な農地改革を、ボリシェビキやアナーキストのやることだと決めつけて強く抗議し、協調国家の建設を提唱し、それをファシストと言うなら自分はファシストだと公言していたからである。また国家のためにアナーキーに対し立ち上がらないようなスペイン兵士は、まともな兵士ではないとも叫んでいた。共産党の指導者は、ソテーロに、議会での次の演説の機会はもはやなくなったと明言していたとさえいわれていた。ナショナリストの将軍たちはそれ以前に反乱計画を進めてはいたが、この暗殺事件がその計画の実行上、都合の良いきっかけとなり、反乱を公に正当化することにもなった。

●――「スペイン全土快晴なり」

軍部によるクーデターを恐れていたカサーレス首相は、フランコ将軍を左遷して、カナリヤ諸島駐屯軍司令官として隔離していた。反乱首謀者の一人モーラ将軍は、その年の春から反乱の実行計画を練っていたが、元士官学校長でもあり、一九三四年の社会主義者の暴動鎮圧で信任を得ていたリーダー格のフランコ将軍は、実はすぐには動こうとはしなかった。彼が「一九三六年度ミス・カナリヤ諸島」と、その優柔不断さを揶揄されていたのはそのためである。

一九三六年七月一七日、あたかも「新高山登れ」を合図に真珠湾攻撃が行われ、太平洋戦争が始まったのと同様に、「スペイン全土快晴なり」という暗号放送でクーデターの開始が告げられ、内戦の火蓋は切られた。スペイン領モロッコのメリリャで駐屯部隊が第二共和政府に対し反乱行動を起こしたのである。これに呼応するかのごとく、本土の多くの都市でも部隊が蜂起した。反乱軍側には事を起こす下地が既にできあがっていたのである。今度は即座に駐屯軍を掌握したフランコは、クーデターを察知し、フランコを閉じ込めようとして、脱出経路となりそうな道路の封鎖をしていた左翼の裏をかき、タグボートで飛行場に向かい、逮捕を免れている。ナショナリストの将校が支配するモロッコ駐屯アフリカ軍団に彼を運んだのはイギリス諜報部ＭＩ６の工作員だった。

モロッコに馳せ参じ、反乱軍の首領となったフランコ将軍は、新政府の樹立を表明し、そこを拠点にしてスペイン本土に攻め上がった。同時に現政権は退陣し、同じく共和派ながら左翼のヒラール内閣が誕生し徹底抗戦を掲げた。反乱が起こると、赤色テロの脅威に直面したカトリック教会、地主、資本家、軍部、外交官、秘密警察などの右派勢力は、これを支持してスペイン全域を巻き込む内戦へと突入していった。政権側に留まったのは共和制支持者や左翼政党、労働者、バスクやカタルーニャの自治を求める勢力などであった。ただし、どちらの勢力も一枚岩ではなく、軍部などでも主に地理的事情で人民戦線側に付いた者も少なくなかった。フランコ一族も、兄は反乱軍に付いたが、弟と従兄弟は人民戦線側に付いた。軍部は数の上では真っ二つに割れたが、主力は反乱軍側に付いたため、人民戦線側の軍事力は当初から劣勢であった。

●――「ナショナリスト＋ファシスト」対「リベラル＋コミュニスト＋アナーキスト」

だが、素早く進行するはずだったクーデターも、地域的には政府軍を崩せずにいた。主要諸都市と国の広大な地域にわたる人民の抵抗と、艦隊乗組員を味方につけられないでいたからである。そのためジブラルタル海峡を容易には渡れないでいた、当てにしていたモロッコ軍と外人部隊を、すぐには本土へ進攻させられないでいたからでもある。これを可能にしたのはフランコの求めに応じたヒトラーとムッソリーニが派遣した独・伊空軍の援助であり、その支援下でのジブラルタル海峡の制圧が適ったからである。それも開戦五日後には、ナショナリストがスペイン北西部の主要軍港都市フェロールを陥落したため、すでにフランコから支援要請を受けていたドイツ及びイタリア政府がフランコの支持に賭けたものである。

当初反乱軍はマドリッドでは兵舎に閉じ込められたり、バルセロナでは武装したアナーキストが反乱軍の将軍を捕らえて処刑したりしてもいた。バルセロナ及びその周辺部を掌握していたアナーキストは勢力を増し、事実上共和派政府とも袂《たもと》を分かつことにさえなっていた。

共和派はバレンシアに拠点を置き、スペイン東部の沿岸全域及びマドリッドの大半を勢力に収めていた。共和派といっても、適度な資本主義的リベラル民主主義を支える中道派から、主として世俗の、都市居住者を基盤としながら小作農も包含する革命を標榜するアナーキストや、共産主義者までと範囲は広い。殊に工業地域での勢力は強かった。共和派政府支持ながら、強固なカトリックを基盤とするバスク地方やその他の勢力はＥＲＰ（共和派人民軍）を形成して、マドリッドの中央政府からの独立ないし自治を求めていた。政府はそれらをすぐに否定するようなことはなかったが、明確に反共の旗印を掲げて反逆者とか、反乱軍とか、ファシストとかフランコ派と呼ばれたナショナリストは、国家の分裂を恐れ、この分離運動を受け入れてはいなかった。その指導者たちは、一般的に裕福で、保守色が強く、王制派であり、地主でもあり、中央集権を標榜する者たちだった。そのナショナリストを支持したのはナチス・ドイツであり、ファシスト・イタリアであり、ほとんどのカトリック聖職者たちだった。ポルトガルは物資供給路として支援をした。これら勢力がナショナリスト軍を形成していたのである。

▲…共和派の女性兵士

　内戦には広範囲の政治的立場に立つ者、それに当時の主だった思想の持ち主が、積極的に参画していた。ナショナリスト側に属していたのは現王朝支持者と正統王制派、スペイン・ナショナリスト、ファランヘ（フランコ派）、カトリック、保守派、王制支持のリベラルなどである。共和派側は社会主義者、リベラル、左翼系カタロニア及びバスク民族主義者だった。保守系カタロニア民族主義者はカトリックの影響下にあり、教会財産の没収には反感を抱いていた。その上敵側に資金供与を行っていた者さえいた。保守系バスク民族主義者は政府の反カトリック行為に不満を抱いており、反乱軍に肩入れする者さえいたが、なんとか支持にまわっていた。別の見方ではナショナリストを構成していたのはカトリック聖職者及び信者、軍部の中心、大地主、事業主たちであり、共和派は都市労働者、小作農、都市のインテリであった。

●――「赤の群れ」対「キリスト教文明」

ナショナリストたちの反乱の主たる動機は、共和派政府による聖職者の権利抑圧への反抗であり、共和派が国家の病巣だと見なし、攻撃の対象としてきたローマン・カトリック教会を守ることであった。内戦が始まる以前でさえも教会の建物が焼き討ちに遭い、牧師たちが殺されているというのに、共和派政府は何ら手を施すことはなかったのである。共和憲法でイエズス会の活動を禁止したことは、保守派の多くの人たちにとってはただではすませようもないことだった。友や関係者が殺されており、史上稀に見るその数の多さ、残虐さはフランス革命を上回るとさえいわれた。その結果、ほかに術もないカトリック信者を予期以上にナショナリスト陣営に追いやることになった。バスクの民族主義者は大方共和派についたが、それでもカトリックの教えを放棄することはなかった。

▲…破壊された教会

共和派同調者は、この争いを「独裁対民主主義」または「ファシズム対自由主義」と位置づけ、多くの青年や、筋金入りの改革者や、革命家たちが、スペイン共和派こそファシズムとの戦いの最前線であると信じて「国際旅団」に参加した。一方、フランコの支持者たちは、共産主義者とアナーキストたちの「赤の群れ」対「キリスト教文明」の戦いとし、体制を維持し、無政府、無法の社会に安全をもたらし、指示を与えるものと述べていた。

共和派自体も一枚岩ではなかった。左派と、バスクやカタロニアの民族主義保守派の間には、考え方の違いが多々存在した。一九三一年の議会には党派が一六も存在していた。一九三二年にバスク地方とカタロニアに自治権が与えられた際には、ナショナリストはクーデターを試みたが失敗している。アナーキストの抵抗を抑え込もうとする共産党の仕打ちは、結果として何百人もの反乱派の虐殺と、カタロニアにおけるアナーキストと共産党との仲間同士の戦いとなった。

●——スペイン内戦を腕試しにも利用した外国勢

スペイン内戦には多くの外国人が軍事顧問として、また前線での戦いに実際参加している。また外国政府も、それぞれ支持する側に資金援助や武器供与を行った。フランスはイギリスと並んで表向き武器禁輸を行ったものの、共和派への大量供給を行っていたためイタリアから非難を浴びていた。そのイタリアは正規軍派遣を含め、最も積極的にフランコ軍に肩入れをしていた。この間、不介入策を採っていた「国

▲…戦場に現れたソ連製タンク

際連盟」は、その中立的立場から、両派への援助物資の流入を阻止することはできないでいた。ムッソリーニのファシスト・イタリア及びヒトラーのナチス・ドイツは航空機、戦車やその他の武器をフランコ軍に供与したのみならず、イタリア政府は五万人ものCTV（義勇軍）派遣を含め、七万五〇〇〇人を戦線に送り込んでいた。ドイツも航空隊（ファルコン航空旅団）を投入したほかに、最高一万九〇〇〇人もの義勇兵を送り込んでいた。ソ連は「国際連盟」の禁輸令を無視して、共和派へ大砲・戦車・飛行機などの武器支援を行ったが、第一陣がスペインに到着したのは一九三六年一〇月のことだった。ソ連が供給した戦闘機は機動性は高かったものの、ドイツのユンカースに比べてスピードが劣り、機銃の口径と、射程距離にも劣っていたし、爆撃機も戦闘機の護衛なしでは飛べなかった。それにも拘らず、その戦闘機もドイツ機の性能に及ばなかったために護衛も十分には行えなかったといわれている。自国製の戦車と航空機を操作、駆動していたソ連義勇兵はたった七〇〇人だというのに、ソ連は軍事顧問団もまた派遣していた。それのみならず、ソ連は世界中の共産党に「国際旅団」の編成を促してもいた。共和派にとって、五七か国からとも見られる三万人にも及ぶ外国人からなる「国際旅団」の戦線参加は力強い支援だった。義勇兵はほとんどが、モスクワの指示による、共産党や労働組合の呼びかけに応じていたものだが、その動機は時勢に危機を感じ、フランコ軍の暴挙に義憤を感じた、個人的なものからでもあった。

アルゼンチン、ブラジル、チリ、ペルー政府はナショナリスト指向だったが、メキシコ政府は積極的に共和派の支持にまわった。メキシコ政府が、英・仏による不介入策はナショナリストを利するものと決めつけ、また「国際連盟」の中立策も適切とは認めなかったことは、共和派にとっては大いなる励みともなった。他国に比し物量的には僅かな支援しかできなかったが、メキシコの共和派への援助にはアメリカ製の航空機も含まれていた。政府による従軍禁止令があったものの、アイルランドからも共和派へはおよそ二五〇人、フランコ軍へは七〇〇人の義勇兵が参加している。共産主義者との戦い、それにカトリックの防衛のために参戦した彼らは、フランコ軍に参加しながらも、アイルランド同様、独立を目指し、またカトリックを信仰しているバスク人民軍との戦いへの参戦は拒否している。

●――お互いさまの残虐行為

内戦では少なくも五万人もの人たちが処刑されている。ナショナリスト側によるものは、フランコ政権になってから粛清された五万人を含め二〇万人が処刑されたともいわれ、それ以前の共和派による粛清の死者は三万八〇〇〇人ともいわれている。

内戦と、一九三六年から一九五一年までのフランコ政権下で処刑されたり、行方不明になった一一万四二六六名の調査も行われた。その中には世界的に評価の高い詩人で、劇作家であり、演出家でもあったフェデレコ・ガルシャ・ロルカも含まれている。ナショナリストに拉致され、殺害されたとされたが、裁判所は人類に対する犯罪と見なし、その真相調査を命じている。ブント・ナショナル（ナショ

▲…廃墟と化したゲルニカ

ナリスト連合）の残虐行為は当たり前のように行われ、多くの場合左翼の兵士と疑われる者は、全て抹殺せよとの指示に基づくものだった。その疑いは、捕らわれた兵士の軍服の右肩を見れば充分とされた。もし少しでも磨り減っていたならば、それは銃を使っていた証拠と見なされたのである。こういった反動勢力による行為が行われたのは、内戦勃発間もなくのことだった。共和派が、教会を教育界から追放するためにその配下の学校を閉鎖して一般校に転換したことを、教会迫害とみなしたブント・ナショナルに粛清された教員たち、陥落した戦地の市民の大量虐殺、非戦闘員の労組員や共和派シンパを含む好ましくないものたちの処刑などだ。

三月に現地入りしたドイツのコンドル航空旅団が、持ち込んだハインケル複葉機によって四月に行った、バスクの首都ゲルニカに対する無差別爆撃は数多くの女性、子供を含む、数百人にも及ぶ殺戮となった。後にピカソが描いた「ゲルニカ」で世界中にその残虐ぶりが喧伝されるようになった空襲である。

アンダルシア地方の小さな村、ロンダではナショナリストが共和派を支持する人たちを橋の上から深い谷底目がけて投げ捨てていた。一方、その同じ場所では、共和派もナショナリストに残虐行為を働いたことを当局が認めている。アーネスト・ヘミングウェイは『誰がために鐘は鳴る』で、村人がナショナリストたちをまず太い脱穀竿でぶっ叩いてから、崖から投げ落としていた光景を描いているが、さもありなんである。

北部戦線で戦いが行われている間、共和派政府は戦地の子供を、イギリス、ベルギー、ソ連ほか、西欧諸国やメキシコに疎開をさせた。西欧諸国に疎開させられた子供たちは戦後スペインに戻っているが、ソ連に行った共産系の子供たちが祖国に帰ることはなかった。ナショナリスト側も戦地の子供、女性、老人を疎開させていた。行き先はポルトガル、イタリア、ドイツ、オランダ、それにベルギーに設けられた難民キャンプであった。

共和派による市民への暴力行為や、その財産を脅かす行為を、ナショナリストは「赤の脅威」と呼んでいた。共和派による、従来からの王制派や、身分制に基づいた階層の強力な支持を受けていたと思われる、カトリック教会への襲撃行為は殊に問題となっていた。殺害された聖職者は七〇〇〇人にも及び、破壊された教会、修道院、僧院は数え切れない。一三人の司祭、四八一四人の管区司教、二三六五人の男性聖職者、二八三人の尼僧が殺害されている。ロザリオのビーズを飲み下すよう強制された者、廃坑に投げ込まれた僧、生き埋めにされる前に自分の墓を掘らされた僧さえいたといわれている。聖職者であったがために犠牲とされた僧数百人は法王ジョン・ポール二世により、その後更に五〇〇人もの僧がベネディクト一六世により聖人として列福されている。

フランコ軍が仕掛けたマドリッド攻略戦のために、一一月始めには共和派政府はバレンシアに首都を移さざるを得なかった。しかし、その後三〇〇〇人ながらも国際旅団の応援を受けた政府軍は盛り返しに成功し、イタリア軍及びモロッコのスペイン植民地軍の増派を得たフランコ軍は、再度マドリッド攻略を行ったが今回も失敗した。ゲルニカを失った共和派政府軍は攻勢を盛り返し、セゴビア奪還を目指したため、フランコ軍はその防衛にマドリッド戦線からの転戦を余儀なくされていた。ビルバオを失った政府軍のマドリッド近郊での強力な反攻を辛うじて抑えたフランコは、その後優勢を回復し次々と勝利を収めていった。八月にはアラゴンに進攻し、バチカンからその存在の承認も得た。バレンシア攻撃に直面した政府軍はバルセロナで対峙する。

●――「わが子よ、死んでくれ」と諭《さと》した守備隊長

一九三六年の夏、トレドの崖上に位置した城砦「アルカサル」の攻防をめぐって、死闘が繰り広げられていた。ローマが建設し、ムーアがスペイン北部の首都とし、後にナポレオン軍が放火しての退却後に強化された砦《とりで》である。一四〇五年にはユダヤ人たちが崖上から投げ落とされ、今回も狩り集められた保守派の人間が同様な仕打ちを受けた砦である。

この砦の守備隊長だったフランコ軍のモスカルド大佐は、サッカーをはじめスポーツをこよなく愛しており、ベルリン・オリンピックのスペイン代表を務めることになっていた。共和国軍の接近にともない、大佐はトレド地域に残っていた全軍人と自警団をアルカサルに集めた。兵士一二〇五名と二一一名の子供を含む五五五名の非戦闘員たちだった。弾薬は充分手元にあったものの、食料は不足していた。せいぜい一週間もすれば全てが終わるものと思っていた籠城は、飢餓に苦しむ一〇週間にも及んだのである。数に勝り、武器にも勝る、共和派軍の途切れない攻撃を受けながらも守備軍が屈することがなかったのは、決意も固い大佐のリーダーシップのお陰と思われていた。共和派軍側も攻撃を何回と繰り返すうちに、まともな攻め方だけでは堅固な城壁を崩し、乗り越えて、砦を落とすことなどはできないことを悟った。だが

彼らには有力な手段があった。

包囲攻撃が始まって三日後、攻撃軍の隊長はモスカルド大佐に電話を入れ、一六歳になる「大佐の息子を捕らえている」と伝えた。そして、「直ちに降伏してアルカサルを引き渡さねば息子の命はなくなる」と脅したのである。それがただの脅しではないことを大佐に知らしめるために、息子を電話口に出し、父と話をさせている。父子間の真剣な、情にこもったやりとりの後に、父は子に「わが子よ、魂を神に委ねスペイン万歳、キリスト万歳を叫び、そして英雄として死んでくれ」と諭した。子も父に「心をこめたキスを受けてね、お父さん」と返した。父も「さよなら、わが子よ、お前にも心をこめて」と告げて電話は途絶えたのである。

アルカサルが落ちることはなかったが、息子は警告通りに射殺された。だが、この出来事はかえって守備軍を勇気づけ、もはや飢えと死を苦にさせなくなったといわれている。その後共和派軍は城壁前に配置された重砲の砲撃や、爆撃、更には城内に達するトンネルを掘って仕掛けた爆破作戦で、一時は要塞の陥落が世界に告げられた。だが、モスカルド大佐は「アルカサルはいつも通り」というラジオ放送を毎日欠かすことはなかった。救援のフランコ軍が包囲を排除した時に、生き残っていた守備兵は飢えで、まるで「マッチ棒」のようになっていたといわれたくらいだった。この救援作戦で、最初に城内に入ったフランコ軍は、アフリカ軍団のムーア人部隊だった。彼らの祖先がこの地を追われてから八五〇年後の帰還となったのである。

今や将軍に昇格したモスカルド守備隊長を、スペインの英雄に仕立てるために、フランコ軍と共に市内に入った報道陣が見た男は、サッカーを至上のものとする、感性に乏しい、それだけの男だった。「アルカサルはいつも通り」と流し続けていたのは、別に士気の鼓舞を図っていたためではなく、実際目の前で何も変わったことは起こっていなかったから、そう告げていたのだと思われるようにさえなった。この、幾分がたが来た英雄を、無下《むげ》にも扱いかねたフランコ政府は、彼にふさわしい場所に任地を与えたが、彼はその地からも相変わらず「前線はいつも通り」と報告し続けたといわれている。その彼が喜んで果たした任務は、将軍の制服をまとい、「トレドのアルカサル伯爵」として、一九四八年のロンドン、一九五二年のヘルシンキオリンピックにスペイン代表として参加したことだった。

この一見涙を誘う美談?にも、後日談がある。当時、一六歳だった守備隊長の息子は、その後もマドリッドに健在であり、長男は確かに射殺されてはいるが、それも全く別の出来事であったという。結局、この話は誰かが意図的にでっちあげた話のようだ。

(以上ジェームズ・A・ミッチェナー著、フォーセットクレスト版『アイベリア』より引用したが、BBC・TVのスペイン列車旅行番組でも紹介されていたくらいなので、余程よく知られた話だと思われる)。

●――死闘だけではすまなかったテルエルの戦い

一九三七年一〇月には、フランコ軍は山岳都市テルエルを占領していた。一二世紀後半に、バレンシアのムーア軍と対峙するサラゴサのキリスト軍が戦線保持のために設けた要塞都市である。ユネスコの世界遺産に登録されたアラゴンのムデハル様式の建築物では、特に華麗な大聖堂が良く知られている。

共和派にとっては、バレンシアとバルセロナを結ぶ絶対不可欠な戦線上にあり、その確保が内戦の行方を決めかねない重要戦略拠点でもあった。今やサラゴサを拠点にしたフランコ軍は、バレンシアの共和国軍戦線の分断を脅かしていた。

一万のフランコ軍は、難攻不落といわれた城砦に通ずる全ての坂道に守備陣地を構えていた。共和派存続のために奪還を至上命題とした精鋭一一万が襲いかかった時は、戦場一面を摂氏零下一八度の雪と氷の世界とした冬将軍の到来が始まっていた一二月の半ばであった（アーネスト・ヘミングウェイ、ロバート・キャパ、それにニューヨーク・タイムズの記者が戦線視察を行ったのもこの時期であった）。

二四日間にわたる、繰り返し、繰り返しの攻撃にも関わらず、共和国軍は坂上からの銃撃に数え切れない死傷者を残したままそのつど撃退されていた。その間両軍の間では捕虜は射殺の憂き目に会い、居合わせた者は処刑され、死体は切り裂かれるという怖しい犯罪行為が繰り広げられていた。それでも攻撃軍はひるむことなく雪と氷の中で突進を繰り返し、防御陣地を次々と乗り越えていった。城砦内の守備軍も食料、水、弾薬が乏しい中で良く持ちこたえていたが、一月までの抵抗が限度だった。戦いが終った時、戦禍の瓦礫の中から這い出てきた守備隊兵はやせ細った幽霊のようであり、包囲を耐え抜いた女性はひたすら水を求めたといわれている。

これでマドリッド、バルセロナ、バレンシアの確保がひとまず成ったと共和派が一安心する暇もなく、今度は攻守所を変えての再奪還のための包囲が始まった。前回と同じく雪と氷の中での凄絶な戦いの後に、要塞の内外を次々に破壊していったイタリア軍の重砲部隊の正確な砲撃の援護の下に、市内に攻め入ったフランコ軍は見かけたもの全てを手当たり次第に銃剣で刺殺するという、内戦中でも最悪の残虐行為を行った上に、共和派に通じていたと疑われた者は一人残さず永久市外追放処分にした。

テルエルでの六九日に及ぶ戦いで戦死した共和派兵士は二万名、フランコ軍兵士は一万名を数え、捕虜は二万八〇〇〇名ながら、戦傷者は数え切れない。巻き込まれて死んだ市民も何千人、暗殺された者も双方合わせてこれまた何千人と記されている。結果的にバレンシア、バルセロナ、それにマドリッドを結ぶ共和派軍の生命線は絶たれたと同様になった。またドイツとイタリアは、この戦いでテストのために持ち込んだ武器の効果を確認し、まもなく起らんとする世界戦争に備えていた。

一九三九年三月に内戦が終わった時には、死亡した市民を含むスペイン人は九〇万人とされ、南北戦争での六二万五〇〇〇人、第二次世界大戦での四一万人に上るアメリカ人兵士の戦死者数を上回っていた。また焼き討ちにあった修道院、僧院は一七〇を上回り、徹底的に破壊されたものも一九〇〇、部分破壊は三〇〇〇と報ぜられている。破壊された家屋二五万戸、亡命者四〇万名という数字からも内戦の戦いぶりが窺われる。

四月には地中海に達したフランコに戦線を分断された政府軍は、五月には講和を試みた。だが、無条件降伏を要求するフランコ軍とは相容れず、一一月まで抵抗を続けた。折も折り、イギリスがヒトラーとミュンヘン条約を結ぶのを見て、反ファシスト運動の限界に幻滅を感じたところで戦意も喪失し、年末のフランコ軍の大規模なカタロニア侵攻で、バルセロナも一月二六日に陥落した。その五日後のギロナの陥落ですべての戦いは事実上終了した。

二月二七日には英仏両国ともフランコ政権を承認している。僅かに抵抗していたマドリッドの一部は三月二八日に、また翌日には二年間近く保持していたバレンシアも降伏した。最後の政府軍が降伏した四月一日にフランコはラジオで勝利宣言を行っている。

戦いが終わって、例のごとく敵軍に対するフランコの激しい報復が行われた。投獄された共和派は数千人に及び、処刑された者は少なくも三万人を数えている。処刑された者の数を五万から二〇万人と言う人さえいる。刑を免れた多くの者も鉄道建設や、湿地帯の干拓、記念塔の建設ほかの強制労働に狩り出された。また追求の手を逃れてフランスに逃れた者五〇万人や、メキシコに逃亡した者も数知れない。ピレネー山脈を超えてフランスに渡った者は、フランス第三共和国の避難民収容所に入れられた。現地で、伝手も、生活の術もなかった大部分の者は後にスペインに送還されてはいるが、すぐさまその政治責任を問われ「浄化」のための収容所に送られている。

この間、アラゴンやカタロニアのようなアナーキストが支配していた地域では、労働者や、農民が土地や産業を集約した上で協議会を設置し、機能を失った共和政府とは別途に自治を行うという社会改革が行われていた。だがこの体制には、支配権を失いかねないと危惧した、スターリンの政治局の影響下の共産党も、また財産権の否定を危惧した社会民主主義共和派も反対した。

戦局が進行するにつれ、政府及び共産党は主導的立場を回復するために、外交手段や実力行使によりソ連製武器獲得に力を入れた。若干の抵抗こそ行ったものの、アナーキストやPOUM（マルクス主義統一労働党=反スターリン主義的な革命的マルクス主義政党）は正規軍に組み入れられた。その後、POUMは非合法化され、ファシストの道具であると意図的に非難された。一九三七年のメーデーには、バルセロナの戦略拠点を巡って、カタロニア政府警察とPOUMの間で激しい戦いが繰り広げられている。ジョージ・オーウェルが『カタロニア讃歌』でその激しさを伝えている「五月事件」だ。

内戦に見るトロツキーの革命観

実際、トロツキーがこのスペイン内戦に対してどういう立場をとっていたかを、彼の言うスターリンの立場と共に、一九三七年四月一〇日から一七日まで、メキシコシティ郊外のコヨアカンのトロツキーの亡命先で開かれたデューイ委員会での彼の発言に見てみよう。

デューイ委員会とは、トロツキーを中傷、誹謗した一九三六年の「モスクワ裁判」への反論として、彼に身の潔白を世界に訴える機会を与えた聴聞会のことである。この小委員会は哲学者、教育学者として世界的に知名度の高い、コロンビア大学名誉教授のジョン・デューイ博士が議長を務めたので、デューイ委員会と呼ばれている。因みに一九一九年の東京帝国大学での二か月にわたる講義の他、日本を広く旅し見聞を広めたデューイ博士は「現在の日本にとって不幸なことは余りにも急に、そして全てのことにほとんど準備のないまま一等国になったことだ」と含蓄のある言葉を残している。

主質問者の、作家で講師のカールトン・ビールズ氏はトロツキーに対し冷ややかな態度をとり、後に委員会の進め方に抗議して辞任している。一方、労働問題を専門とする弁護士のアルバート・ゴールドマン氏は、トロツキーの弁護人として、委員会が彼に有利に展開するよう誘導し、存分に釈明の機会を与え、究極的にモスクワ裁判を否認し、彼を無罪とするのに大いに貢献している。

ビールズ：スペインでトロツキストを名乗っている党派を指導していますか？

トロツキー：トロツキストなんて存在しません。コミンテルンの方針に反対する者は誰でもトロツキストときめつけられているのです。コミンテルンの宣伝ではトロツキストはファシズム扱いでしたから。スペインには正真正銘のトロツキストは多くはいませんでした。残念なことですが、多くはいなかったと言わざるをえません。マルクス主義統一労働者党という強力な党があります。ＰＯＵＭです。その党だけが私をファシストなんかではないと認めています。その党の若者たちは我々の考えに共鳴しているのです。ですが同党の政策は極めて日和見主義的ですから私は公然と批判していいます。

ビールズ：党首は誰ですか？

トロツキー：私の友人のニンです。彼のことは良く知っていますが、私は彼を厳しく批判しています。

ビールズ：トロツキストの分派がスペインのローヤリスト（共和派）の活動を妨害しているそうですが。

トロツキー：我々がローヤリストの活動を妨害しているといわれていることですが、そのことは幾度もインタビューや記事で表明してきたと思います。スペインで勝利を確実にする唯一の方法は、ペザント（農奴）には「スペインの土は君らのものだ」と言ってやり、労働者には「スペインの工場は君らのものだ」と言ってやることなのです。スターリンは、フランスのブルジョアたちを怖がらせないようにするためにスペインの個人資産の守護者になっています。スペインのペザントは細かいことにはそう関心は持ってはいません。「フランコでも、カバレロでも同じことだ」と言っています。ペザントというものは、極めて現実的なのです。ロシアの内戦時に我々が勝ったのは、我が方が軍事的に優っていたからだとは思いません。それは誤りです。我々は革命の目的を示していたから勝ったのです。ペザントには「この土は君らのものだ」と言ってやりました。すると、一時は去り、白軍の下に行っていたペザントは、ボリシェビキと白軍とを比べて「ボリシェビキの方が良いや」と言ったものです。そして、ロシアの何百万ものペザントたちがボリシェビキの方が良いと確信した時に、我々は勝ったのです。

ビールズ：スターリンはスペインの個人資産を守っているという発言をもうちょっと突っ込んで話してくれませんか?

トロツキー：彼はですね、それにコミンテルンもですが、社会改革はまず勝利を収めてからだと言っています。「今は戦う時であり、今やることは戦うことだ。社会改革は勝利の後にやってくるものだ」ということです。ペザントたちは「これは我々の戦いなんかではない。我々は将軍たちの勝利には関心がない。将軍たちがお互いに戦っているのだ」と、しらけてしまっています。彼らはそう思っているのですよ。私は優秀な外交官よりも、素朴なスペインのペザントに味方しています。

ビールズ：それではスペインでは、どっちが勝っても大したことではないと言うのですね?

トロツキー：いや、労働者が勝たねばならないのです。労働者が勝つことが必要なのです。だけどコミンテルンやスターリンの方針だとどうやったって革命などできっこないことは間違いありませんよ。彼らは中国でも、ドイツでも革命に失敗し、今やフランスやスペインでも失敗しかかっています。プロレタリア革命が成功したのは一回だけでした。それは一〇月革命です。スターリン方式に真っ向から相対してのものでした。

ビールズ：もしソ連の運命が貴方の手中にあるとしたら、スペインでどういうことをしますか？

トロツキー：スペインのことはソ連の問題ではありません。コミンテルンの革命諸党の問題ですし、それらの党の問題です。もちろん私は一切のブルジョアたちの党に反対し続けますよ。

ストルバーグ：ビールズさんの質問との関連でお訊ねします。貴方が一九二三年以来権力の座にあったとしたら、貴方の視点からですが、中国革命は救われたか、勢いが増していたでしょうか？ドイツのファシズムはありえなかったでしょうか？　スペインでは事態が生じてはいたでしょうが、何か別の事態となっていたでしょう。だが、貴方は権力争いに敗れていました。中国でもドイツでもコミンテルンのやり方が失敗した現在、スペインではどちら側に組しますか？

トロツキー：スペインのトロツキストなら誰しも、間違いなく優秀な兵士です。カバレロ政府の指導者も、閣内の誰しも裏切り者です。労働者階級の指導者はブルジョアの政府に入閣なんかできません。我々はロシアでケレンスキー内閣には入閣しませんでした。ケレンスキーをコルニロフから守りましたが、入閣はしませんでした。ファシストに対抗するためにはスターリンと、あるいはフランスのファシストと対抗するためには、ジュオーと手を組む用意があると公言しました。それは根本的な問題だからです。

フィナティィ：あなたが現在、ロシアで権力の座にあるとして、スペインのローヤリストから助けを求められたら、土地はペザントのものとし、工場は労働者のものとするならという条件をつけますか?

トロツキー:条件はつけません、そういう問題ではないのです。まず問題となるのはスペインの革命党の姿勢でしょう。第一の条件としては「ブルジョアとは政治面で手を組むな」と言います。第二の条件は「ファシスト相手の最高の兵士たれ」です。第三は仲間の兵士に、それに敵の兵士に、ペザントに「この国を人民の国に変えねばならぬ。そして大衆を勝ち取ったら、ブルジョアを権力から追い出し、そして我々が支配者になって社会革命を行うのだ」と言ってやらねばなりません。

フィナティ:そこで支援がうまく行えるように、スペインのマルキスト党と手を組むようにせねばと?

トロツキー:もちろん、私はファシズムに対するあらゆる具体的な手を使ってカバレロを支援しますが、同時に共産党には、閣内には入らないで、カバレロを批判する立場に留まり、労働者革命という「第二章」に備えるように言ってやりますよ。

ビールズ:それは、アサーニャ政府が始めて政権に就いた際に反動分子を取り入れたということがその理由の一つではないですか、まさにその方針のためからですね?

トロツキー:保守的なブルジョア政策のためです。彼は半革命、三分の一革命をしようとしたからです。革命というものはですね、そんな風には始めない方が良いと私は思っております。革命を始めるなら、最後までやり抜くことです。最後までということは社会革命を意味します。

ビールズ:ということは、貴方の方針だと勝ちそうなのはフランコということになりますが?

トロツキー：現在のコミンテルンのやり方ではフランコの勝利は約束されています。スペインの革命は、スペインのプロレタリアやペザントたちの過去六年間の努力、精力、尽力で五勝も、六勝も、いや年ごとの勝利ができていたはずです。それなのに労働者階級の指導者層が大衆の革命力をできる限り阻害し、攪乱し、裏切ったのです。革命というものはプロレタリアの根本的な力とリーダーの政治面での指導に基づくものです。スペインのプロレタリアは一級であり、スペインの指導者たちはいつの時代でも惨めなものでした。スペインのプロレタリアは一級であり、過去一〇年での最高の革命勢力であることを示しています。にも拘らず、勝利はしていません。私は、コミンテルンと第二インターナショナルがおざなりの方針で勝利できないようにしていたことを非難します。ブルジョア社会やブルジョアとフランコの前で臆病になっていたからです。彼らは、個人資産の象徴であるブルジョアたちの政府に留まっていたのです。そしてカバレロ自身が個人資産の象徴の前に拝伏しているのです。ですが大衆にはこの二つの政権の違いは分かっていないのです。

ゴールドマン：フランコに対するカバレロの軍事上の勝ち目は全くないということですか？

トロツキー：軍事面での勝利ですがはっきりは申せません。軍事面で勝利を収めたとしても、勝った政権が極めて短期間のうちにファシスト政権に衣変えしてしまうことはありえます。大衆の不満や無関心がそのままであり、そして勝利がもたらす新しい軍事組織が社会主義者の組織ではなかったらですが。

ゴールドマン：だけどスペインの大衆は、自分らがまるでフランコやファシストを相手に戦っていると思っているようです。実の所、彼らは自分らプロレタリアの利益のために戦っているのですが。

トロツキー：残念ながら大衆のほとんどは自分らが思い描いていた幻影を一切失くしてしまっています。そういうことから内戦がだらだら長引いている訳が説明できます。人民戦線から、勝利から生まれた新しい政府がフランコと軍を保護したので人民戦線の政府の下で内戦が用意されたのです。そして内戦が始まり、ブルジョアは人民に向かって「君らは勝利を待て。そしたらたっぷり報いる。だが勝ってから後のことだ」と言ったのです。

ビールズ：フランコと戦うために兵士を送っておいて、目的は同じなのに、カバレロ政権を支援するために参加することを拒むのはなぜですか？

トロツキー：ご説明致しましたが、我々はケレンスキー政権への参加はきっぱり断りました。だが、コルニーロフ相手の戦いではボリシェビキの兵士が最高だったからです。そればかりではなく、ボリシェビキの兵士も、水兵も最高だったのです。コルニーロフの反乱の際には、ケレンスキーはバルチック艦隊の水兵の所に行って冬宮にいる彼らを守るよう頼まねばなりませんでした。当時私は監獄にいました。彼らは、守衛の所に彼を連れて行き、私の許には代表団をよこしてどうすべきか訊ねたものです。ケレンスキーを逮捕するか、それとも護るべきかとです。それは歴史上の事実なのです。「そうだよ、今は彼をしっかりと護るべきだ、捕らえるのは明日にしてだ」と言ってやったものでした。

またトロツキーは、一九三七年二月にはスペイン問題に対する態度としてフランスのアバス通信社の問いに対して以下のように答えている。

アバス：あなた自身は志願者を送って共和派を支援するように指示を出したのではないですか？

トロツキー：指示などしたことはありません。私は普通そういうことはしません。ただ自分の考えを記事にして発表するだけです。スペイン共和国軍への支援を拒絶しているのは臆病者、裏切り者、ファシズムの手先だけです。革命家なら誰しもフランコや、ヒトラーや、ムッソリーニと戦うのは基本的な義務だとしています。

スペイン連立政府の左翼には、いささか反対の立場にあるＰＯＵＭが存在します。この党は「トロツキー主義者」なんかではありません。私は、前線で戦うこの党の人たち、殊に若者たちの英雄的行為は暖かい目で見守っていますが、彼らの方針は数多の機会に批判してきました。ＰＯＵＭは、選挙による「人民」戦線連合に参加するという過ちを犯したからです。この連合の陰に隠れて、フランコは現在スペインで荒れ狂っている内乱の準備を何か月もの間に行ったからです。革命を担う党は人民を盲目にするような、また、犯罪を犯すことになるような方針に直接、間接問わず加担するようなことがあってはならないのです。大衆に警戒を呼びかけねばならないのです。ＰＯＵＭの指導者は、カタロニア連立内閣に参加するという二度目の過ちを犯しました。前線で他の党と手を組んで戦うとして、そういった党の誤った方針に組する必要などないのです。必要なのは、一瞬たりとも前線の軍事力を弱めるようなことはせずに、革命の旗印の下に大衆を政治的にどう動員したらよいかを考えることなのです。

内戦では並の戦争とは比較できぬほど、政治が戦略的に物を言うようになるのです。アメリカの南北戦争では南軍の軍司令官としてのリー将軍は、北軍のグラント将軍を上回る軍事的才能を有してい

▲…リー（右）とグラント

たことは確かです。だけどグラント将軍に勝利をもたらしたのは奴隷制を廃止するという政治目的でした。

　ロシアの三年間の内戦では、軍事面での戦略や戦い方で敵側を充分押さえることはできましたが、最後に革命を制し得たのはボリシェビキのやり方でした。労働者たちは何のために戦っているかを良く理解していました。ペザントたちはすぐにはついては来ませんでしたが、経験で両政権を比較した挙句、究極的にボリシェビキ側を支持したものです。

　スターリン派はカバレロに方策を提示し、カバレロもそれに従っています。まず軍事的勝利、次いで社会改革ということです。このやり方はスペインでの革命には命取りとなると思います。この双方の根本的な相違を現実的に分からないまま、苦闘中の大衆、とりわけペザントは熱が入らなくなってしまいます。そうなってしまっては、どうしてもファシズムが勝つことになります。軍事面だけ取り上げれば彼らが優位にあるからです。内戦では大胆な社会改革こそが最強の武器であり、ファシズムに勝利する基本的な条件なのです。

　こと革命となると、常に日和見主義者の正体を現すスターリンの方針は、フランスのブルジョアジーの怖れに現れています。とりわけフランス人民戦線がずっと以前に「紙上」で宣戦布告した「富裕二〇〇家族」の怖れにです。スペインでのスターリンの方策は、一九一七年のケレンスキーの方針の再現というよりは一九一八年のドイツでの革命におけるエーベルト*－シャイデマン**の方針の再現であります。ヒトラーの勝利はエーベルト—シャイデマンの方針への戒めであったのです。ドイツではその戒めが一五年も遅れてやって来たのですがスペインでは一五か月もせずに到来するでしょう。

スペインの労働者及びペザントの勝利はヨーロッパでの戦争を意味しないかとのことですが、反動的臆病者が唱えるそのような予言はとんでもない誤りです。スペインでファシズムが勝ったら、フランスはどうにも逃れようもなくなってしまいましょう。フランコが独裁を勝ち取るようなら、フランスは大変な状況に置かれ、ヨーロッパでの戦いが加速することは必至でしょう。新たにヨーロッパで戦争が起これば、フランス人民は最後の一滴まで血を流すようになり、国は衰亡し、同様に人類全体にも大打撃となりましょう。

一方、スペインで労働者とペザントが勝利するようならムッソリーニとヒトラー政権を間違いなく揺るがすことになりましょう。ファシスト政権はその密閉的、全体主義的性格から揺らぐことがないものと強く印象付けられています。実際は、最初の本格的な試練に遭遇したところで、内部での爆発により彼らはその犠牲となることでしょう。ロシア革命の勝利でホーエンツォルレン政権の力は削がれてしまいました。スペイン革命の勝利はヒトラーとムッソリーニ政権を危殆におとしめることになりましょう。そのことだけからでも、スペインの労働者とペザントの勝利は平和をもたらす強力な

＊社会民主党党首、ドイツ帝国最後の宰相。一九一九年革命派を弾圧。ワイマール共和国初代大統領に就任。
＊＊一九一九年、ワイマール連合で首相をつとめた。パリ講和会議の制裁的内容に反発し、首相と社民党党首を辞し、連立政権から離脱した。

力となってすぐさま現れることでしょう。

スペイン革命の本当の任務は軍事面の強化及び補強を行うことであり、ソ連官僚主義による保護を撤去することであり、大衆に大胆な社会計画を提供することであり、そうすることで革命の勝利を間違いないものにすることであり、またまさしくそうすることで平和の大義を守ることに存します。そうすることによってのみ、ヨーロッパの救いがあるのです。

●――内戦が育てたトロツキーの暗殺者たち

このスペイン内戦には、後のトロツキー暗殺に関与した者たちが多数参加していた。戦いそのものを指導するために、ソ連から主席軍事顧問として派遣されていたのは一九三三年にリヒャルト・ゾルゲを東京に送りこんだ、赤軍参謀本部第四部（情報部）の部長であり、強制収用所（ラーゲリ）の創設者でもあり、またレーニンと政府閣僚の個人警護を指揮していたこともあるヤン・カルロビチ・ベルジン大将だった。かつてトロツキー下の赤軍に入り頭角を現した彼は、スターリンの評価も高く、一九三五年四月から一九三六年六月までの独立赤軍極東軍司令官を経て、スペインの共和派陸軍を組織し、指揮するために、スペイン共和国軍の主任軍事顧問

▲…リヒャルト・ゾルゲ

▲…カルロビチ・ベルジン（右）とアレクサンドル・オルロフ

に任命されたのである。その彼が現地で見逃せなかったのは「スペイン政府筋に対し不当な干渉とスパイ工作を行い、ソ連の権威を汚している」ＮＫＶＤ（内務人民委員部）からの派遣員たちであった。スペインの指導者に対してまでも植民地の現地人に対するがごとき対応をしているといわれるＮＫＶＤの最高責任者オルロフの召還を、本国の軍事人民委員、ウォロシーロフに宛てた機密報告で訴えてもいた。その報復か、一九三七年七月には彼自身が召還され、ソ連に帰国後再び情報局長となったが、一九三七年一一月二七日には逮捕され、翌年月二九日には死刑を言い渡され、モスクワに召還後処刑されたスペイン派遣の多数のソ連人司令官同様銃殺されている。

その陰の人アレクサンドル・オルロフは、スペイン共和政府内務省との整合性を取るために、ＮＫＶＤが一九三六年七月に派遣を決めていた。九月に着任後、早くも一〇月には、ファシストによる捕獲を怖れたスペインが保有する金のソ連への輸送作戦総監督として実績を上げ、レーニン勲章を受章している。反乱軍がマドリッドに迫った時、国の財産を反乱軍の手に落ちないようにするため、また軍事物資購入の支払いに充てるための、当時の価値で五億一八〇〇万ドル、重さで五一〇トンにも及ぶ金塊や希少金貨、骨董金貨を無事にソ連に移送した功績を評価されたものである。

だが、彼が命ぜられていた主たる任務は、トロツキストや、モスクワが支援する共和党政府に反対する者たちを一掃することであった。スペインでのソ連工作活動を現場で仕切る責任者となった彼は、ＰＯＵ

Mの指導者アンドルウ・ニンの暗殺に関わったともいわれている。トロツキーの秘書だったアーウィン・ウルフの失踪も、彼の手によるものとされている。一九一七年の革命を生き延び、スターリンの目の上の瘤となっていた、オフラーナ（旧帝国政治警察）の手先や、古参の共産党員を葬り去るための大粛清で、かつての仲間が次々と消されていく恐怖に直面したオルロフは、その後身の危険を悟り、ＮＫＶＤの金庫から六万ドルを盗み出し、家族と共にカナダに難を逃れている。逃亡先のカナダでもなお不安を感じていた彼は、ＮＫＶＤの長官に手紙を送り、もし彼と家族を狙って刺客を送ろうものなら、ＮＫＶＤが行った過去の悪業一切を公開すると脅迫をしていた。また彼はトロツキーにも手紙を送り、子息レフ・セドフの取り巻きの中にはＮＫＶＤの工作員であるマルク・ズボロウスキーが潜入していると警告を発していた（後述のCIA Historical Review 参照）。受け取ったトロツキーはそれを「がせ」手紙と思って無視をした。後にアメリカに渡り、地下に潜ったオルロフが表に現れたのは、一九五三年三月のスターリンの死後間もない、亡命一五年後のことだった。スターリンの指示で、追求を免れていたためかもしれない。その後、彼は『スターリンが犯した犯罪の秘密』を著したり、ＦＢＩ（連邦捜査局）／ＣＩＡ（中央情報局）に協力したり、二度も上院の非公開公聴会に出席したり、一九六三年にはＣＩＡの斡旋でミシガン大学法科大学院に研究者として職を得ている。一九七三年三月末に死亡するまでスターリン批判の姿勢を崩すことはなかった。

▲…マルク・ズボロウスキー

（オフラーナ＝帝政ロシアの秘密警察の記録調査に当たった

係官が発見したスターリンに関する資料によると、スターリン自身がオフラーナのスパイであったともいわれている）。

オルロフの亡命後、一九三八年秋にスペインにおけるソ連工作活動の主任となったのが、ナウム・イサーコヴィチ・エイチンゴンだった。トロツキーの子息、レフ・セドフ暗殺の直接の指揮者だ。労農赤軍参謀本部軍事アカデミー東洋部修了後、一九二五年一〇月には、ＯＧＰＵ（統合国家政治局）外国課に編入された。

▲…ナウム・エイチンゴン

最初は上海、次にハルビンでＯＧＰＵ海外駐在官として勤務したが、上海ではゾルゲもその一員であったＧＲＵ（ソ連軍参謀本部諜報局）とも協働した。またアメリカにも数回入国し、秘密エージェント網を構築しているが、ゾルゲ事件で、アメリカ共産党員の宮城与徳を引き入れたのも、エイチンゴンだったという。

対外情報部の非合法工作部門の責任者で、国家保安機関の少佐であったエイチンゴンは、スペイン内戦では在スペイン駐在工作主任アレクサンドル・オルロフの下で副主任を務めていた。彼はコトフ将軍という偽名を使って保安機関の訓練、フランコ軍後方でのゲリラ戦の指導、諜報・防諜活動に従事したほか、バルセロナではスペイン共産党の女性党員マリア・カリダード・メルカデル・デル・リオを愛人とし、その息子ラモン・メルカデルと共に工作員として組み入れていた。一九四〇年のメキシコにおけるトロツキー暗殺の実行犯であり、暗殺の現地総合指揮に当たったのがエイチンゴンである。エイチンゴンとこの母子

▲…パヴェル・スドプラトフ（右）とラモン・メルカデル

との行動については、後に詳しく述べる。

一九五三年のベリヤ失脚の際に、パヴェル・スドプラトフ中将と共に投獄されたが一九六四年には釈放された。死亡したのは、一九八一年のことだった。

レーニン勲章、赤旗勲章三個、スボーロフ勲章、祖国戦争勲章、赤星勲章二個、「NKVD功労職員」胸章など数多の功労賞を受賞した、スドプラトフ中将は特殊任務（トロツキー暗殺計画）の責任者として知られている。

一九三九年三月、ベリヤに伴われてクレムリンを訪れたスドプラトフは「心臓の高鳴りを覚えていた」。そこでベリヤは、世界の共産主義革命の指導的地位をクレムリンと争っており、ソ連にとって重大な脅威となっていた、トロツキスト運動の本部に決定的打撃を与えるために、NKVDの反トロツキスト工作全体を総括する任務にスドプラトフをつかせるようスターリンに進言した。これに対し、一国革命を唱え、世界大戦を視野に置いていたスターリンは、全労働階級の同時革命を唱えるトロツキストたちと対立を続ける余裕はないとして、メキシコに逃れていたトロツキーを排除するための襲撃隊を率いるようにスドプラトフに命じた。トロツキーは、亡命の先々で反スターリンの活動を積極的に展開していたのである。

スドプラトフが、後にトロツキー暗殺の実行犯となったラモン・メルカデル・デル・リオに初めて会ったのは、バルセロナに滞在していたときのことである。フランコ軍後方のゲリラ活動から戻ってきたばかりのこの若い陸軍中尉は「魅力的な二〇歳の青年だった」とその印象を著書に記している。更に引き続き「その母カリダードもまた、空襲を受けて負傷したことや、コンバット作戦における勇敢な行動で、ゲリラ部隊では評判の女性だった」と、エイチンゴンと共にトロツキー暗殺に関わった母についても述べている。

またベリヤからの進言を受け、スドプラトフはスペイン帰りのエイチンゴンに活動への参加を求めた。かっては非合法工作で最も難しい部局の責任者で、人事部の新任監査官だったスドプラトフより遥かに上の地位にあったエイチンゴンも、自分が最も精通しているNKVDのスペイン・ネットワークを利用してトロツキーに近づくことに同意した。そのエイチンゴンもさらに、スペイン内戦で活躍し、メキシコ共産党の活動家となっていた、ダビッド・アルファロ・シケイロスの率いる特別任務部隊の利用も視野に入れていた。失敗に終わった第一次トロツキー暗殺実行部隊の指揮者だ。このシケイロスがNKVDと関係を持つようになったのも、まさにこのスペイン内戦であった。そのスペイン内戦とメキシコ革命に題材をとって、世界の三大壁画家の一人といわれた自賛マルキシストの高名な画家である。一五歳の時には既に国立美術学校の教授法の改革と理事長の免職を迫る学生ストライキに関与していた。一八歳で美術学校仲間と反乱軍に加わり、政府軍打倒後には残存勢力との戦いに参加していた根っからのマルキシストだった。

イタリア系アルゼンチン人のビットリオ・コドビージャは、スペイン内戦ではNKVD特殊任務班長であり、スターリンの政策に反対するPOUMメンバーの暗殺を組織していた。

●──そこにソビエト神話の崩壊を目撃したジョージ・オーウェル

インド帝国政府アヘン局勤務だった父を持つG・オーウェルは、ネパールとの国境に近いベンガル州モチハリで生まれた。父方の曽祖父の代に遡って貴族の血を引く家系に生まれた彼は、裕福とはいえないまでも決して貧しくはなかった自分の家を「中産階級の上の下」と社会的に位置づけていた。その位置に相応しくあらせたいという父の願い通りに、一九一七年に彼は上流階級に属する優秀な青年が通う名門校、「イートン校」に入った。高額の月謝を払える金持ちや、貴族の子弟からなる校外通学生九〇〇名に対し、学内寄宿生活で英国紳士道を仕込まれるエリート集団は、当時、全学五年間で七〇人しかいなかった。当時のイートンは「一六人中一五人までがレーニンを偉人として数える」ような風潮のさなかにあり、「ほとんどの学生が《赤》とは言わぬまでもピンクがかっていた」し、ソビエト・ロシアは憧れの象徴でもあった。

せっかくそのようなエリートコースを出ていながら、オックスフォードやケンブリッジに進学しないままでも、「中産階級の上の下」という位置を維持するには充分だとの父親の認識から、彼はイギリス統治下のビルマで英領・インド帝国警察の一警察官としての勤務を志願した。さしずめ、かつての第一高等学校を卒業しながら東京帝国大学に進むこともなく、植民地である朝鮮の地方警察官になったみたいなものだった。そこで彼が目にしたものは、植民地におけるいわれなき差別であり、その不合理さだった。それを彼は『ビルマの日々』(一九三四年)に著し、世に訴えた。

一九三六年にスペイン内戦の実情を知ったオーウェルは、義勇兵として身を投ずる決心をした。それはなにもスペイン人民戦線政府に対する共感からではなく、弱者への共感からだった。志願はしたものの、イギリス共産党は彼を受け入れてはくれなかった。戦う共産党員になりきってはいないと判定されたからだ。マルクス主義の影響力が強大だった一九三〇年代の作家は、理想的社会を求めたり、また個人的願望の実現を目指して革新に走る者も多く、スペイン内戦に参加する以前にも作家会議へ参加したり、ストライキ支援を行ったりしていたが、実際「スペインへたどり着くには忍耐と勇気だけではなく、共産党幹部との伝手が必要だった」。致し方なくオーウェルは、ILP(独立労働党)の手配でバルセロナに入り、そこでILPが連携している、反スターリン派のPOUMの民兵隊に参加している。

そこでオーウェルが見たものは、ヒトラーとムッソリーニが後押しをするファシスト国民戦線軍に抗し、スペイン共和国政府軍を後押しするはずの共産主義勢力が、スターリン派とトロツキー派に分かれて敵対する派閥抗争だった。ケン・ローチ監督の映画『大地と自由』(一九九五年)はスペイン内戦の希望と絶望を描いた作品である。革命を放棄した共産軍(スターリン派)の銃口の前に武装を解かれる、飽くまでも革命を標榜するPOUM民兵のやるせなさを表した最後のシーンは、その対立の過酷さの全てを象徴している。

左右、新旧、骨肉間の戦いは激しく、残酷なものだったが、一方では戦線で声の届く範囲に布陣していた両軍の歩哨同士がお互いの前線での食事の自慢話をし合ったり、昼食用にカタツムリを捕えに藪に入り込んで行ったり、のどかな光景も伝えられている。そんな環境の中、アラゴンの最前線の塹壕でオーウェルが最も怖ろしい思いをしたのは壕内で跳梁するネズミたちだった。そのネズミを目がけて彼が発砲したその音に、鼻の先の壕内で対峙していた敵側が驚き慌て、撃ち返して来たというエピソードが語られている。ネズミ恐怖症の彼は、後に小説『一九八四年』（一九四九年）の中で、ネズミを使った拷問を描いているほどである。また、用足し中だった敵兵が、近づいたオーウェルの気配を察し、慌ててズボンをずりあげながらよたよたと逃げてゆくのを見た彼は「ズボンをずりあげながら走ってゆく男は、ファシストとはいえなかった。彼は私と同じ人間であるとしか見えなかった」とも記している。だが果敢な兵士でもあった彼は、敵を殺すことにも躊躇はしていなかった。投じた手榴弾に倒れた敵兵のうめき声を聞き「死んだかどうかは分からないが、致命的な傷を与えたことだけは確かだった。哀れな奴、可哀想な奴だ。彼の悲鳴を聞きながら、私は訳の分からぬ悲しみをひしひしと感じていた」と、戦いと人間味とを判然と区別していた。

「前進あるのみ、さもなくば敗北だ」という想いは捨てがたかったものの、「まず戦争、それから革命」と唱える共産党の現実的な主張と、何よりもまず「革命、それからが戦争だ」とするPOUMと、そのための近代的装備に魅力を感じ始めたオーウェルは共和国政府直轄の「国際旅団」に入ろうと思うようになった。四か月ぶりの休暇でバルセロナに戻った彼が見たのは、カタロニア自治政府側警察隊とCNT（アナーキスト）の激しい市街戦だった。政府側（共産党）の言い分はCNTとPOUM（トロツキストと見なされた）は密かにファシスト側に意を通じているスパイ、「フランコの第五列」だとするものだった。

左翼、保守問わずイギリスの新聞は「トロツキストによる反乱」と報じていた。それに我慢ならなかったオーウェルは「何たる嘘が、何たる悪意が捏造されたことか、コミュニズム信仰に凝り固まって左翼知識層は事の真実を見極める目を持たなかった」と憤慨している。

バルセロナ市街戦（五月事件）後、休暇を解かれ、再度前線に戻ったオーウェルは、ある朝迂闊《うかつ》にも壕内で立ったまま立ち話をしていた。上半身を大きく突き出した長身のオーウェルの身体が一発の銃声で宙に浮いた。それでもまぐれ当たりの銃弾が射速の高い最新式の小銃弾であり、頸動脈の間を貫通するという奇跡に恵まれたために出血することもなく、化膿することもなかった。「もし一ミリでも左へ逸れていたら、死んでいた」と医師がいう稀有の幸運だった。

一か月足らずで傷は癒え、また戻った前線ではトロツキスト、アナーキストと共産党との対立が一層激しくなっていた。それに幻滅したオーウェルは負傷を理由に除隊申請を出した。だが、舞い戻ったバルセロナでは警察によるトロツキスト、アナーキストの隊員や支持者狩りが過酷に行われていた。その後何とかフランスへの脱出が適ったオーウェルは、帰国後すぐに『カタロニア讃歌』を書き始めたが、予定していた出版先には断られ、やっと見つけた出版社からの出版も、イギリス左翼知識層からの反響は薄く、一般読者に衝撃を与えるまでには到らなかった。

第一次世界大戦では赤十字のトラックのドライバーとして参戦していたヘミングウェイは、今回もスペイン入りし「北米新聞連合」への報道記事でアメリカでの反ファシスト世論を高めていた。フランス共産党のリーダー、モーリス・トレーズがきっかけを作り、スターリンの同意の下にコミンテルンは一九三六年九月には「国際旅団（外国人義勇軍）」の組織作りを始め、パリに募兵センターを置き、スペインのアル

▲…エイブラハム・リンカーン大隊

ベレセテに訓練基地を設けていた。不介入政策を取っていた英・仏は当然そのような運動を厳しく取り締まっていたが、それ以上にパリは地下での反ファシズム運動の中心だったからである。有名な「エイブラハム・リンカーン大隊」始め五五か国から五万九三八〇人が志願したと記録されている。仏（一万）、英（二〇〇〇）、米（二八〇〇）からの参加には不思議はないが、個人ベースでは独（五〇〇〇）、伊（三三五〇）からも参戦しているのは興味がある。この外国人志願者五万九三八〇人から戦死者九九三四人、重傷者七六八六人の犠牲者が出ている。旅慣れた知識人、学者、作家、詩人等が初期には志願者たちの核となっていたが、志願者の大部分は普通の市民出身だった。強いて言えば工場労働者だったため、武器の扱い方こそ知らないものの、工場労働者としての規律、団体行動には慣れており、更に組織、民主主義、組合活動等への意識も高かった。彼らのニーズを満たせない社会からますます隔離されるようになり、書を焼き、個人を迫害し、戦争を称えるようなファシズムに嫌気を持った人たちである。国際旅団は一九三八年九月に一方的にスペインからの撤収を宣言しているが、フランコ側の独・伊軍はそのまま居座っていた。

オーウェルがスペインへの入国査証を取るため、パリに立ち寄った際にたまたま出会ったヘンリー・ミラーは、スペインでの出来事には全然関心を持とうとはしていなかった、根っからのノン・ポリであったという。「全人類の権利と生存そのものが危殆に瀕しているこの時、自己を捧げることなく逃げ出すような思想はありえない」と、自分の確信を語るオーウェルに、ミラーは「君の共和国派への大義のために」と応じて、コール天の上着を差し出したと言われている（大石健太郎著『『荒ぶる魂』の遍歴』、日外教養選書）。

3●追うスターリン、追われるトロツキー

●――トロツキーの「野望」

トロツキーは自身の革命家としての闘争歴を「一八九七年九月にニコライエフで南ロシア労働者組合という最初の非合法労働者組織を立ち上げたのが始まりだった」と、一九三七年四月にデューイ委員会で述べている。一八九六年のころ、大衆の権利獲得を目指し、革命運動に加わるようになったトロツキーが、マルキシズムに接したばかりのころは、その思想に組することはできないでいた。だが、亡命や投獄の苦難を経る間に、徐々に同化するようになっていったのである。目指していた数学者への道を断念し、工場労働者や革命を目指す学生たちに社会主義思想を広めていった。投獄されていた一八九八年三月に開催された、ロシア社会民主労働党（ＲＳＤＬＰ）第一回大会を契機に自分を正式に党員として位置づけるようになったのである。

四年間のシベリア送りとなった一九〇〇年、党は工場労働者の生活改善を図る「経済派」と、帝政の廃止を重視し、そのために一層統制のとれた党とすることを主張する「革命派」に分かれていた。トロツキーは迷うことなく、ロンドンに拠点を置き、プレハーノフ、レーニン、マルトフが主催する新聞『イスクラ』が主張する「革命派」に組するようになった。一九〇二年の夏にシベリアを脱出したトロツキーは、ロンドンに渡り『イスクラ』に加わり、主要論説の書き手になる。そこではプレハーノフのような在外歴の長い、中高年中心の「守旧派」と、レーニンのようなロシアから来て間もない、三〇代前半中心の「新進派」の対立があり、二三歳のトロツキーはプレハーノフ派の押さえ込みを図るレーニンに取り込まれることになった。

一九〇三年の第二回党大会後『イスクラ』系代議員は、レーニン派が主張する「ボリシェビキ」という、小さいながら高度に組織化された党を目指すグループと、マルトフ他の主張する、大型ながら制約の少ない「メンシェビキ」に割れた。その結果トロツキーを含む多くの『イスクラ』編集委員はマルトフの支持に回り、プレハーノフはレーニンとボリシェビキの支持に回った。その後プレハーノフは「ボリシェビキ」と別れ、トロツキーも一九〇四年には、ボリシェビキやレーニンとの融和に反対し、またロシアのリベラル派との同調を主張しているメンシェビキを去っている。その時点から一九一七年まで、トロツキーは自分を「非派閥社会民主主義者」とし、党内の派閥の融和を図ったために、レーニンやその他の有力者との衝突も引き起こしていた。だが彼は、党内問題でレーニンに相対したことは誤りだったとその後認めている。この間トロツキーは「永久革命」論の展開に取り組み始め、パルブス（イズライリ・ゲリファンド）と緊密に協働するようになった。

一九〇五年の「血の日曜日事件」後、密かに帰国したトロツキーは、ボリシェビキ中央委員会や、メンシェビキをより行動的にするために地方委員会と活動中、五月には警察に追われ、フィンランドに逃亡したが、その間「永久革命論」の仕上げに取り組んでいた。一〇月にはロシアでの全国的なゼネストを機に舞い戻り、パルブスと共に『ラシアン・ガゼット』の発行部数を五〇万部に伸ばしている。それのみならず、パルブス及びメンシェビキと共に『ナチャーロ（始まり）』を発刊し、成功をおさめている。その帰国前にメンシェビキは、選挙による非政党革命組織である、「労働者の第一次ソビエト（評議会）」構想を立ち上げていた。既にサンクトペテルブルグ・ソビエトはボリシェビキの反対を受けながらも労働者の歓迎を受けており、創設者の逮捕の後にトロツキーは議長に選ばれている。

●──時には相容れなかったトロツキーとレーニン

一九〇七年にシベリア送りとなったトロツキーは再度脱走し、ロンドン入り後ウイーンに移り、オーストリア社会民主党やドイツ社会民主党の活動の手助けをしていた。その間、その後二〇年の友となったアドルフ・ヨッフェと共にロシア語の隔週紙『プラウダ（真実）』を発刊し、ロシアの労働者向けに密かにロシア国内に運び込んでいた。同紙は、非派閥を旨とし、産業労働者に広く読まれるようになっていった。

一九〇五〜七年の革命失敗後、何回となく分裂をしていたボリシェビキ内とメンシェビキ内の各派が融和を図ったパリでのロシア社会民主労働党中央委員会で、トロツキーの『プラウダ』はレーニンの反対を

▲…『プラウダ』を読むレーニン

押し切って、党資金で発行される「中央機関紙」とされた。ボリシェビキからはトロツキーの義弟のカーメネフが編集委員に加わったが、両派の非難の応酬の中で辞任をし、融和はならなかった。だが、トロツキーは一九一二年四月に廃刊になるまでのその後二年間、同紙の発行を続けていた。その直後にボリシェビキは同名の『プラウダ』紙を発刊し、怒ったトロツキーはレーニン及びボリシェビキ非難の手紙をメンシェビキの指導者宛に書いている。警察が押収していたその手紙は、トロツキーの反対派によりレーニンの死後に公開され、「トロツキーはレーニンの敵」だと位置づけるのに利用されている。またトロツキー及びメンシェビキは、ボリシェビキの者たちが資金調達を理由に党議を犯し、銀行や企業を引き続き武装襲撃する「略奪行為」を容認しているレーニンのやり方には目をつぶれないでいた。

第一次世界大戦の始まりと共に、戦争、革命、平和主義、国際主義を巡りRSDLP内やヨーロッパの社会民主党内での再編成が進行した。レーニン、トロツキー、マルトフらは反戦を唱えたが、プレハーノフなどは幾分ロシア政府の支持に回っていた。一九一五年にトロツキーはパリで、国際社会主義者向け『ナーシェ・スローボ（我らの言）』紙の編集に従事し、「賠償や、統合のない平和、また征服者、被征服者のない平和」というスローガンを唱えた。ロシアの敗戦を唱え、第二インターナショナルからの離別を要求するレーニンとは様違いであった。さらに一九一五年の反戦社会主義者協議会では、何としてでも第二インターナショナルからの離別は避けるべきだと唱えたトロツキーに対し、レーニンはそこから離別し、第三インターナショナルを創設すべしと主張していた。結局、会議では、レーニンの反対にもかかわらずトロツキーの中道路線が採用された。反戦社会主義者間の分裂を恐れたレーニンが折れたためである。

●——レーニンもスターリンも認めたトロツキーの手腕

そこで彼はボリシェビキの立場に大いに理解を示すようにはなってはいたが、すぐに参加することはなかった。ボリシェビキがペトログラード（サンクトペテルベルクから改称）・ソビエトで多数を得た際にトロツキーは議長に選ばれることになった。

▲…ペトログラードに戻るトロツキー

ボリシェビキ中央委員会で武力蜂起が論議された際に、トロツキーはレーニンと組んで、ジノビエフとカーメネフに対抗し、更にケレンスキーの臨時政府打倒の際には指導的役割を務めた。

その折、トロツキーが果たした役割についてスターリンは党機関紙『プラウダ』紙上で次のように述べている。「蜂起の組織立てに関する一切の実務上の作業は、ペトログラード・ソビエトの議長である同志トロツキーの直接の指示の下に行われた。時を待たず駐屯部隊をソビエト側につけたこと、並びに軍事革命委員会の役割を素早く組織したことは、党として主として同志トロツキーに負うところこの上なく大である」と。（スターリン『一〇月革命』）。

この後トロツキーはコサックや残存勢力による反撃をかわし、ジノビエフやカーメネフといったボリシェビキ中央委員会幹部による、他の社会主義政党との連携を図る動きをレーニンと共に封じた。一九一七年の終わりには、それまでレーニンの片腕的存在だったジノビエフを凌ぎ、ボリシェビキの中でトロツキーはレーニンに次ぐ確固たる地位を占めるに至った。

一九一八年二月の同盟国とのブレスト・リトフスク会議そのものは、領土及び賠償金の支払いに執着するドイツの帝国主義的野望を世界に明らかにする好機となり、西欧におけるソビエト革命の浸透に利するとして、会議への参加には反対しなかったブハーリンも、資本主義体制との平和協定はありえないとしていた。その裏には新設早々ながらも若干の実績のある志願制赤軍で、ドイツ軍と戦えると踏んでいたからだ。一方、人民委員会外務部代表として会議に出ていたトロツキーは、旧体制から受け継いだ、実態に欠ける既存のロシア軍や、規模も小さく、訓練にも欠ける新設の赤軍では到底ドイツ軍とは戦えないと思っていた。

一月三一日、レーニンはソビエト連邦の成立を宣言した。だが二月に始まったドイツ軍の反抗の前に

▲…ジノビエフ（右）とカーメネフ

は、新設の赤軍は脆すぎた。数も少なく、経験豊富な士官にも欠き、訓練も、規律も不十分だったからだ。

三月に人民委員会外務部を辞任したトロツキーは赤軍の全権を掌握して、「寄せ集め」的赤軍の再編・充実に尽くした。三〇万にも満たなかった兵力を一〇月には徴兵で一〇〇万に増強し、訓練の強化、規律と服従の徹底と共に、その中核に帝政時代の旧軍将校を据えたことが大きい。この赤軍を率いてトロツキーは、シベリアで抵抗するチェコ軍、各地でボリシェビキへの抵抗を執拗かつ優勢に続けていた白ロシア軍を制圧していった。このことにより、大いにレーニンの信頼を得て、共産党中央委員に選ばれている。レーニンは言った、「たった一年で、模範とも言える軍隊を組織し、しかも軍事に長けた連中から一目置かれるようになった男が、ほかにいるだろうか！」と。スターリンもトロツキーへの賛辞を惜しんではいない。一九一八年一一月にはプラウダに「反乱制圧を実践上、一切組織的に運べたのはペトログラード・ソビエトの議長、トロツキー同志が直接指導していたからである。守衛部隊を即刻ソビエト側に手なずけたのも、また軍事革命委員会が大胆な活動を実行できたのも、党として、第一に、またとりわけ、トロツキー同志に負うところは大である、とまで自信を持って言い切ることができる」と書いた。

▲…赤軍兵士に囲まれたレーニンとトロツキー

●――確立されたスターリンの覇権

その後、トロツキーは、より自由な政治活動を求める組合の要求や、党内の官僚主義打破要求を抑えて、党内での地位を固めていった。一方、レーニンは、一九一八年に社会革命党（エス・エル）の女性テロリスト、〝ファーニャ〟カプラン*による狙撃を受けて負傷して以来、健康が優れないと感じており、一九二二年に共産党書記長のポストの新設を提唱し、自分の政策を常に支持してくれていたスターリンをその役に任じた。スターリンと将来主導権を争う立場にいた者たちは、この任命が思いもよらない結果を招くことを予想すらできなかったのみならず、全員が賛成に回っていたのである。このときはまだ書記長の役割はせいぜい「レーニンの代弁者」役としか見られていなかったからである。

スターリンを書記長に任命後、銃弾の摘出を行って健康の回復を待っていたレーニンは、間もなく脳出血で右半身不自由の身となり、言語障害に悩まされるようになった。そこで単なる「レーニンの代弁者」役だったはずのスターリンの、党内における重みが、突然増してきたのだ。書記長としての権力行使が可能になったスターリンは、党中央委員

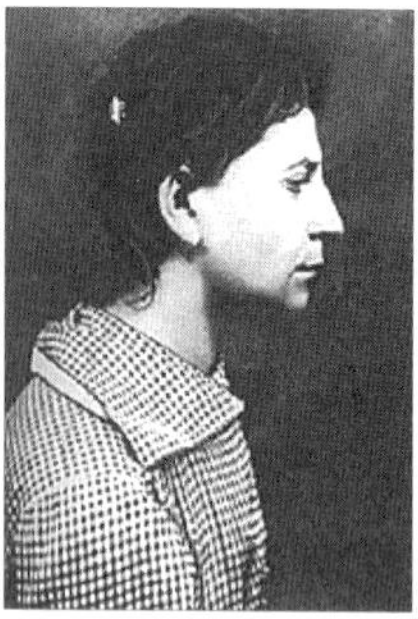
▲…〝ファーニャ〟カプラン

*ブレスト・リトフスク会議でのボリシェビキの対処の仕方に不満を持ち、レーニンをモスクワにて狙撃したと自ら名乗る社会革命党員。ユダヤ系ロシア人女性。

会で、少数派の不満分子を党外追放とする許諾を得て、これを機会にライバルのトロツキー支持者を何千人も一掃して、自分の息のかかっている者を重要ポストに登用したのである。登用された者はスターリンに睨《にら》まれればどうなるかが分かっていたので、次々とスターリンに忠節を誓うようになっていった。

自信を得たスターリンの動向に、脅威を感じた病身のレーニンは、トロツキーに支持を求め、その同意を得ている。中央委員会でスターリン案を撤回させたトロツキーに対して、レーニンは賞賛を送ると同時に、スターリンを牽制するために、共に手を組む必要を書簡で述べた。レーニンの下で働いていた妻クルプスカヤは、この書簡の内容をスターリンに知らせたものの、危機感を肌に感じたスターリンはクルプスカヤに、「レーニンにこんな手紙を書かせて、病状が悪化したらどうなるんだ」と、激怒の電話をしたともいわれている。

そのことを妻から聞いたレーニンは、「スターリンには党の指導を任せられない」と決心をした。死期が間近に迫ったことを悟っていたレーニンは、秘書に遺書ともいえる次のような伝言を書き取らせている。

「書記長になった同志スターリンは絶大な権力を手中にしており、その権力の行使には常に十分に慎重であるかどうか、私には定かではない。そこで彼をこの地位から下ろし、忍耐力にも、忠誠心にも優れ、礼儀正しく、同志への思いやりも持ち、軽んじることのないような、資質ではスターリンとは一味違う、誰かを指名する手立てを、同志諸君に考えて貰いたいと思う」

しかし、時すでに遅く、レーニンが息を引き取る前には、党内にはその意に沿う動きは何も見られなかった。

●――トロツキーとスターリンの確執

レーニンの後継者と思われていたトロツキー自身も、相手を容易に受け入れることができない偏狭な性格から、党内に多くの敵を抱えていた。一方、スターリンはレーニンの死後、トロツキーが指導者となった暁には、自分らの居場所はなくなると思っていたジノビエフやカーメネフと組んで「トロイカ体制」を敷き、トロツキー降ろしにかかった。それは全国に違法組織をめぐらし、暗号電報のやりとりで連絡を保ち、何人かの幹部まで取り込んだ実効的なトロツキー降ろしだった。

トロツキーはスターリンの独裁傾向を激しく批判し、一九二三年には党内闘争を始めていた。トロツキーは革命後に生じた、反動的な動きの危険性に対する警告を開始した。スターリンの下で着実に目に見えて肥大化している、党内での官僚主義のはびこりの兆しを見たトロツキーは、労働者からの突き上げもあって、その勝手な振る舞いに抗議を始めたのである。見かけ上の「革命」で成就した新体制の中で得た住み心地の良さ、さらなる変動の忌避、特権の享受などに浸る官僚主義への抗議であった。トロツキーと左翼グループによるマルキシズムの手法に沿っての党の再生を図る民主主義回復運動が始まったとき、党中央指導部は「表現の自由」と「党内での批判」を回復させこそはしたが、それはスターリン一派にとっては単なる空約束でしかなかった。

そこに発生した中国革命も、対立を深める一因となった。蒋介石との提携を重視していたスターリンは、トロツキー派の知らないところで中国共産党中央委員会に対し、農民運動こそ革命の根幹なのに、その農民運動を抑えるようにとの指示を出していたのだ。その多くが豪農、大地主の出身である国民党軍の将軍、高官たちの存在を脅かし、蒋介石との連携が崩れないようにとの配慮からである。スペイン内乱の際にもスターリンはフランスのブルジョアジーに安堵を与えている。

ジノビエフやカーメネフの後押しを得たスターリンは、トロツキーが党の分裂を図っていると非難し始めたのである。トロツキーはレーニンの遺書の公開に一縷の望みを託し、レーニンの未亡人もそれに同調したが、ジノビエフらの策動により、その望みも失せてしまった。一九二五年、スターリンによるトロツキーの追放が現実的になってきたとき、トロツキーの支持者たちの中にはクーデターを起こすよう迫る者もいた。だが、トロツキーはそれを受け入れず、スターリン派の辞任要求に屈している。

かつては、トロツキー賛辞を『プラウダ』に寄せていたスターリンは、一九二四年には「トロツキー同志は党内にても、一〇月革命時にも特記すべきような役割は全く果たしていなかった。一〇月当時は党内でも比較的新顔だったのでそうする立場にはなかった」と自著に述べるに至っていたのだ。

スターリンとトロツキーは、国をどう動かしていくかについても、相容れなかった。いったんは否定していた「一国社会主義」を標榜するスターリンに対し、トロツキーは「永続革命論」を唱え、二人の路線対立は決定的なものになった。一〇月革命の一〇周年に当たる一九二七年一一月七日に、トロツキーはクレムリンからの退去を迫られ、その一週間後にはトロツキーとよりを戻していたジノビエフと共に、党籍を剥奪された。翌日、トロツキーの同志であり、友人でもあるアドルフ・ヨッフェが抗議の自殺を遂げた。スターリンの弾圧によるトロツキー同調者の犠牲第一号であった。

トロツキーの追放後、左翼反対派とスターリン派の間では、国民経済発展五か年計画や、集団主義、産業化をめぐっての新しい問題、それに右派に関する問題が生じていた。殊に、右派については第一四回会議時に、ジノビエフはブハーリンとリコフを非難していた。その折、スターリンは両者の弁護に回り「ジノビエフ、お前にブハーリンの血など流させないぞ」と叫び、ジノビエフも負けずに「血なんかではない、良き友であるために政治上の傾向を咎《とが》めているだけだ」といったやりとりがあった。

▲…アドルフ・ヨッフェ

●―ロシア国内から追放されたトロツキー

一九二八年一月、トロツキーは三回目の追放の憂き目を見た。当初、中国国境に近いカザフスタンのアルマアタ（現アルマトイ）にトロツキーを追い払って、厄介払いを済ませたと思ったのはスターリンの誤算だった。何しろ終着駅から山道を二五〇キロもの旅をせねばならぬような所なら、反対派間の連絡もままならぬと思ったのも無理はない。だが、そのような遠隔の地でも、トロツキーは国内外に追われている反対派同志と連絡を取り続け、スターリンが牛耳る第三インターナショナル（コミンテルン）批判や、ソ連の抱える経済問題に関する論文の、執筆と発表に打ち込んでいた。脱稿したのは次の亡命地であるトルコでのことだが、各国語に翻訳されることになった自伝を書き始めたのも、このアルマアタでのこと

▲…アルマアタのトロツキーと家族

▼…トロツキーと妻・ナターリャ

だった。

スターリンはわずかばかりのトロツキーの同調者たちをも自殺に追いやったり、獄死させたり、行方不明にするなどして、その小さな書記局の壊滅を図ったものの、トロツキーは「書記局抜きでも私は書き続けられるし、そうしていればまた新しい組織の創造ができることをスターリンは分かっていなかった」と意気軒昂であった。その行く先がどこであろうと、トロツキーはその身が存在する限り、共産主義革命の思想を灯し続け、スターリン主義者たちが行っている一切の犯罪行為、裏切り行為を国際世論と労働者大衆の前で非難し続けたからである。

トロツキーがロシアから追い出される羽目になったのは、一九二九年のことである。その後、妻のナターリャ、息子のセドフ、それに何人かの忠実な支持者と共に、トルコを振り出しに、フランス、ノルウェーと流浪の生活を続けていたが、その都度スターリンの圧力を受けていた各国政府からは「歓迎されざる客」とみなされ、早期退去を求められていた。

それにもかかわらず、トロツキーは「一刻も無為にすることなく、マルクス主義革命思想のかがり火を絶やさないように努め、国境を越えての世論と労働者集団に対しスターリニズムの犯す犯罪と反逆を非難

▲…プリンキポにて
▶…トルコへの旅立ち

していた」（エステバン・ボルコフ『レオン・トロツキーの暗殺』）。スターリンの暴虐に決して屈することはなかったのである。

トルコに逃れたトロツキーは、そこで『ロシア革命史』や『わが生涯』を著す傍ら、他国に亡命・散在しているスターリン反対派とのやりとりや、『反対派通信』を通して、正統ボリシェビキによる国際的な反スターリニズム運動を纏め上げ始めた。同時に彼は、スターリンがNKVDを使って、スターリン反対派を追放し、また容赦なく滅ぼしていくであろうことも予測していた。現に、トロツキーを監視する役にあった、在トルコNKVD上級工作員ヤコブ・ブラムキンが、密かにトロツキーと通じていることを察知したNKVDは、彼をモスクワに召還して処刑している。愛人のNKVD工作員、リサ・ゴルスカヤの密告によるものである。リサは後に、米国におけるNKVDの幹部であるワシーリー・M・ズビーリン少将と結婚して、夫と共に米国内での諜報活動に従事した。ズビーリンは一九四四年三月、あわただしく米国を離れ、帰国するが、その後任者になったのが、ジャック・ソブルである。彼は一九五一年一月、ニューヨークで逮捕される。配下にはマルク・ズボロウスキーがいた。それぞれ名の知れた大物工作員である。

ソブルは一九三一年、ベルリンでトロツキー派グループの指導者になっていた。「セーニン」という偽名で、プリンキポに亡命中のトロツキーを訪ねたとき、トロツキーは彼をそうした指導者としてもてなした。ソブルは審問に対して、次のように供述している。「私のソ連秘密警察での職務は、一九三一年からでした。仕事はスターリンのためにトロツキーをドイツのスパイに仕立て上げることでした。トロツキーは何も疑わず、プリンキポの整頓の行き届いた家へ招いてくれました。私はトロツキーが語ったすべてを、クレムリンに遅滞なく報告しておりました」(「米国におけるソ連の活動範囲に関する上院国内治安小委員会の審問」一九五七年一〇月二一日)。

トロツキーはそのときは、スターリンが内輪のグループの中にスパイを送り込んでいることを知らなかった。しかし間もなく、彼の生命を狙う計画について十分な知らせが届いた。一九三二年一月、トロツキーはソ連共産党政治局宛の辛辣な手紙を書いている。それは、「スターリンはトロツキーを海外へ追放したことは誤りであるという結論に達し」、官僚スターリンは何の資力もないトロツキーが「思想はそれ自身の力を持っている」ために、絶望的にならないことに気づき、「誤りを正す必要がある」という結論を出したことを非難するものであった。

誤りを修正するスターリンの第一歩は、敏速に行われた。一九三二年二月二〇日、トロツキー、妻のナターリャ、息子のレフ・セドフ、娘のジナイーダから、ソ連市民権を剥奪する布告を発表した。トロツキー一家はこうして、放浪者という不安定な存在に追い込まれたのであった。

▲…トロツキーと娘のニーナ

◀…レフ・セドフ

●――次々と家族を奪われたトロツキー

トロツキーのその予測はまず、彼のトルコ滞在も終わりに近づいたころに現実となった。政治的圧迫がもとで病に伏し、気疲れの末生き続ける意欲を失ったトロツキーの長女ジナイーダ（ジーナ）が、ベルリンで自らの命を絶ったのだ。ソ連政府の許可を受けて治療に来たもので、政治活動は一切行うことなどはなかったが、市民権を剥奪されていた彼女には帰るべき国もなく、夫や子供たちとの再会も期せぬために命を絶ったのだ。彼女の夫である若き反対派の闘士プラトン・ウォルコフも逮捕され、消息を絶った（次女ニーナは夫が逮捕され、不遇のうちに一九二八年六月九日に急性結核で死亡）。トロツキーに社会主義の目を開かせた最初の妻、ソコロフスカヤも強制収容所送りとなり、そこで亡くなっている。また、工科系専門学校で数学の教師を勤め、政治問題には縁もゆかりもなかった次男のセルゲイまでもが多くの労働者に害毒を及ぼしたという無実の罪をかぶせられて逮捕され、監獄で命を落としている（一九三七年ごろ）。トロツキーは日記に「スターリンの弾圧政策には、個人的な復讐が常に大きな要素として動機となっていた」と記している。

だが、何にもましてトロツキー自身とスターリン反対派陣営にとって大きな打撃となったのは、長男レフ・セドフの非業の死だった。彼は『反対派通信』の編集と配布には欠かせない存在であったのみならず、各国に散らばっていたスターリン反対派グループ間との連絡役も勤めていたのである。一九三八年二月初めに、彼は盲腸炎と診断され、彼にもっとも近い同調者となっていた「エティエンヌ」という男の勧めにより入院した病院で、スターリン贔屓《びいき》のロシア革命の難民である医師の手術を受け、疑惑の死を遂げている（同月一六日に死亡、享年三二歳）。「エティエンヌ」から病院の場所を聞き出したNKVD工作員が、セドフの入院後頻繁にその病院に出入りしていたことから、セドフの死については、毒殺の疑いがもたれている。

▲…セドフの墓

トロツキーはその弔辞の中で、マルキシズムの本来的な姿を護ろうとして、それを歪めてしまったスターリニストたちの変節と闘った息子を失った悲しみのみならず、個人的に受けた打撃の深さを、次のように述べている。

「彼はもう我々（両親であるトロツキー夫妻）の身体の一部となって存在していた。我々の若さとなっているところだ。我々の思いと感じは、何百本ものチャンネルを通じて、このパリで毎日彼に届いていた。この息子と共に、我々の体内で若いままでいた何もかもが、死んでしまった」

●——トロツキーの身辺に潜入したNKVD工作員

この忌まわしき男「エティエンヌ」こと、マルク・ズボロウスキーが、米国でのNKVD諜報網のリーダーとして浮かび上がったのは、一九五〇年代も末になってからのことである。

彼は米国での裁判で、一九三八年、トロツキーの秘書ルドルフ・クレメント殺害に関与したことや、一九三七年にノルウェーから追放されて、スペインに亡命したトロツキーの支持者アーウィン・ウォルフをエイチンゴンが暗殺した事件に関与したこと、さらに同年にはスターリンに決別し、この年に結成されたトロツキストの国際組織第四インターナショナルの支持を表明して逃亡したNKVD上級工作員イグナス・ライスの殺害（機関銃で撃たれた死体はスイス、バーゼル郊外の道路脇に放置されていた）や、亡命先のホテルの部屋で謎の拳銃自殺をしたNKVD上級工作員クリビッツキーの追跡に関与したことをも告白している（デイビッド・I・ダリン著「マルク・ズボロウスキー・ソ連のスパイ」『ニュー・リーダー』一九五六年三月一九、二六日）。

ズボロウスキーは、一九〇八年にウクライナで生まれた。革命後、まだ若い頃にポーランドで共産主義者になった。一九二八年、彼はフランスに行き、パリ大学に入学し、後にルーアンとグルノーブルで医学と哲学を学んだ。彼の最初の仕事として知られているのは、ロシア帰国斡旋協会の書記の仕事であった。

NKVDは暗殺計画を遂行するため、予め対象者の身辺に手先を送り込むのを常套手段とした。ズボロウスキーもその一人であり、フランスのトロツキスト・グループに潜入後、セドフの妻ジャンヌ・マルタンに気に入られ、彼女の口利きでセドフの秘書となった。彼は従順な気質と骨身を惜しまぬ働きぶりで、間もなく欠かせぬ存在になり、トロツキー・グループの中央委員まで務めることになった。彼はその立場上、セドフと情報を共にしていたために、トロツキー、セドフ、及び同調者たちの行動は、NKVDに筒抜けになっていた。彼からの報告はスターリン自身が精読し、トロツキスト追放のために、有効に利用されたのであった。「エティエンヌ」から、セドフがテロでソ連の転覆を図っているとの情報を得たスターリンは、トロツキー一派の早期殲滅を決意した。一方、トロツキーは死ぬまで「エティエンヌ」に疑いを持つことはなかった。

ズボロウスキーが「マック」（ロシア語でケシ粒の意味）とか、「チューリップ」とか、「カント」という暗号名で諜報工作に関わっていたことは、数多くのVENONA文書（ソビエト外交暗号電報解読文）に現れてくるが、初めに彼に与えられたNKVDの指示は、トロツキーの監視だった。後には、それがソ連から亡命したビクトル・クラフチェンコを追うリーダー役になった。スターリン体制に嫌気がさしたクラフチェンコは、一九四三年にソ連政府派遣の物資購入使節団の一員としてワシントンに来た際に逃亡したのである。彼は米国で記者会見をして、ソ連の政治的抑圧の実情を暴露して、自らの命を米国世論の庇護にかけた。一九四六年、クラフチェンコが著した『私は自由を選んだ』が出版されると、たちまち米国内でベストセラーになった（井村亮之介訳『私は自由を選んだ』ダヴィッド社、一九四九年）。

トロツキー派がそんな輩《やから》を受け入れてしまったのも、海外では筋金入りの共産主義者を見つけるのが難しかった上に、ロシア語ができて、書記活動もこなせる男は便利な存在であり、見せかけの忠誠を疑う余地もなかったからだという。だが、トルコで手助けをしてくれていたヤコブ・フランクも、やがてはスターリン派に走り、ジョセフという協力者も、機関紙の原稿をＮＫＶＤに手渡して発行を妨げたり、ミルと呼ばれた一時の協力者もスターリン派に転じたように、同調者たちは、彼らが単に転向したのか、それとも最初からＮＫＶＤが送り込んだ工作員たちだったのか、計りかねていた。

●―凄腕工作員は米国で文化人類学の研究者に

トロツキーは物事を前向きに捉える性格からも、他人のあら捜しをしたりすることを好んではいなかった。そのトロツキーですら、「こういった輩は革命から発生した屑ともいえる」と激しく非難した工作員がいた。ドイツのトロツキー派に潜入し、その活動を攪乱していたジャック・ソブル（「セーニン」）のことである。ソブルはトロツキーの疑いを引き起こしたので、引き下がり、作戦の前面に出て来たのが、スボロウフスキーだったのである。

セドフの死後、トロツキーはルドルフ・クレメントに「エティエンヌ」の身元調べを託した。クレメントはトロツキーのプリンキポ滞在時代の秘書で、第四インターナショナルの設立準備（創立大会は一九三八年九月三日、パリ郊外にあるアルフレッド・ロスメルの別邸で開催された）に取り組んでいた。しかし、その調査も進まぬうちに、クレメントは「エティエンヌ」の手にかかり、頭部と脚を切断された屍は、トランク詰めにされてセーヌ川に浮く始末となった（同年七月一六日）。その数日後、トロツキーの手元に「トロツキーはヒトラーと通じている」と記されたクレメントのサインのある手紙が届いた。彼の失

▲…ゲンリフ・S・リュシコフ

蹤と同時に企まれた、トロツキーを非難するためのNKVDの常套手段だった。

セドフの死後、「エティエンヌ」は何の困難もなしに、パリのトロツキスト組織でセドフが占めていた地位を継承し、『反対派通信』（ロシア語版）の発行継続を引き受けた。トロツキーは、「マルク」という秘書がNKVDのスパイだと名指した一九三八年一二月二七日付の匿名の手紙を受け取った。それは、一九三六年にNKVDから逃亡した上級工作員アレクサンダー・オルロフが、日本に亡命したリュシコフ三等大将*からの情報であるとして、トロツキー暗殺を警告したものであった。しかし、トロツキーはお人好しにもその手紙を「エティエンヌ」に見せて、それがNKVDの謀略であると決めつけ、なお、「エティエンヌ」を全面的に信頼し続けたのであった。

その後、NKVDはトロツキー暗殺工作でのズボロウスキーの直接的な支援が必要でなくなったらしく、ズボロウスキーは実行部隊には加わっていない。ズボロウスキーは一九四一年にニューヨークに渡った後、学問研究に従事し、一九四五年には、ハーバード大学の人類学研究助手の職を得ている。一九五二年には、アメリカ人文化人類学者マーガレット・ミードと共著で、第二次世界大戦以前の東欧におけるユダヤ人の生活をテーマとした『それにしても生きつづけてきた』を出版している。その著書は版を重ね、

*ノモンハン事件前年の一九三八年年六月、スターリンの「血の粛清」が身近に迫ったことを感じた、ソ連極東内務人民委員部政治部総指揮官ゲンリフ・サモイロウイチ・リュシコフ三等大将が満州国境を越えて関東軍に亡命してきた。

研究者から好評を得た。その後、コーネル大学に移り、研究者として生活していたが、一九五六年にはスパイ容疑で逮捕され、上院非米活動調査委員会の公聴会に喚問された。そのとき、彼はパリではNKVDの工作員であったことを認めたものの、米国に来てからは誘いはあったが、活動はしていないと疑惑を否定した。一九六二年、再逮捕され、偽証罪で四年の禁固刑の判決に服し、その後、学究生活に戻った。サンフランシスコに移り、マウント・ザイアン病院のペイン・クリニック（断痛治療科）の部長を務め、一九九〇年に八二歳で亡くなっている（D・ボルコゴーノフ著『トロッキーその政治的肖像　下』朝日新聞社、一九九四年、四二二～四二三ページ）。

●――「ビザなしの惑星」暮らしとなったトロツキー

トルコの孤島プリンキポからでは、世界への呼びかけもままならず、トロツキーは欧州での活動の中心近くに拠点を移したがっていた。だが、彼に安住の地を与える国はなかなか見つからなかった。一九三三年にはフランスに受け入れられたが、当時の欧州での国際緊張に伴う国家主義者、ファシストたちの圧力下にあったダラディエ政府からは、結局、亡命を拒否されて「ビザなしの惑星」暮らしとなった。

一九三五年六月、ノルウェーに移ったトロツキーはそこで、『裏切られた革命』（一九三六年）を著している。当時、モスクワでは世界の耳目を集めた、スターリンによる反対派の一掃を図る第一次「見せしめのためのモスクワ裁判」が行われていた。かつての盟友ジノビエフやカーメネフを始め、多くの知人たちやその家族までが、でっち上げの非難、脅迫を受け、拷問の犠牲となり、死刑、流刑の目に遇っていた。このときトロツキーも、ありとあらゆる罪科、すなわちスターリン一派の重鎮暗殺、国家転覆の陰謀、サボタージュ、ヒトラーや天皇裕仁との共謀によるソ連政権の弱体化、並びにソ連解体などの罪に問われ、それらの首謀者として不在裁判にかけられ、有罪の判決を下された。

逮捕者八〇〇万、犠牲者五〇〇〜六〇〇万ともいわれる、この大量粛清に対するトロツキーの世界へ向けての反論を封じるために、スターリンはノルウェー政府に猛烈な圧力をかけた。一九三六年八月に人家もまばらな農村に隔離され、監視下に置かれた状態をトロツキーは「ツアーの監獄では訪問者が許されていたのに、それも適わないような、どこをとっても監獄としか言えないような所だった」と不当な抑留生活を訴えている。国外追放となるか、ＮＫＶＤに逮捕される身となるかと危惧していた一二月になってフランスの弁護士や友人たちの各国へのビザ発給願いが実り、世界で唯一受け入れに同意してくれたメキシコのラサロ・カルデナス大統領の招きに応じて、同国に亡命したのであったが、初めはその受け入れの意向も素直には解せないですらいた。

●東清鉄道の移譲ではスターリンに賛意

デューイ委員会で、ソ連が他国と円満に共存するかについて問われたトロツキーは「ソ連は、戦争自体にも、また戦争を起こそうとすることにも関心はない。だが平和でいられるようにしておいて貰わねばならない。平和のみに関心があるのだ」と述べている。次いで「今回一九一八年から一九二四年にわたって資本主義諸国に対し大いなる譲歩をしたのもそういうことからだった」とブレスト・リトフスク条約*でドイツ他の中央同盟国になした大いなる妥協を弁護している。一方「だがスターリンは一九三三年だったか三四年だったか東清鉄道を日本に売り渡してしまい**ヨーロッパの多くの左翼分子から攻撃された。いうまでもないが、私はこの譲歩には賛成だった。一九三六年には私は彼を擁護した。もしそれが戦争か、平和かの問題だとしたら、もし日本と戦う理由があったとしたら、もしそうすることが必要だとしたら、それは単に鉄道なんかの問題ではないと説明した。鉄道を割譲することで二・三年平和が得られるとしたら、そういった譲歩もせねばならない。このことで私は海外の友人たちと大いに議論したものだった」と極めて弾力に富む考えを示していた。だが「そのような共存は無期限というわけにはいかない。資本主義の世界は不安定だからだ。どの国も労働者による革命、あるいはファシストによる独裁に落ち込みつつある。長い間ソ連とドイツの間には友好関係が存在した。だがヒトラーの勝利後にそれも変わってしまった。スペインでプロレタリアが勝利したなら、ソ連とスペインの関係は最高になるだろうと願っている。ファシストが勝てばソ連はまた今一つの脅威的な敵を作ることになる」、と現実面の見通しも明かしていた。

*ドイツの高圧的な条件下で、広範囲の領土を失い、後に付属条約で六〇億金マルクの賠償義務を強要されたが、レーニンはトロツキーの反対を抑えて、ソビエトにとって不利な内容ではあれ戦争から解放され国家再建の基礎を固め得るとして、ボリシェビキの承認をえることができた。

**一九三五年三月になってソ連は北満鉄路全線の利権を満州国に売却し、満州から撤退した。こうして旧・東清鉄道は満州国有鉄道となり、経営は満鉄に委託された。

●――日本帝国主義への警告

トロツキーは、一九三四年二月に日本の状況や日本との戦争の可能性に関して『Japan Advances Toward Catastrophe（破局に向かう日本）』という本を著している。

「活字で歴史がどうなるわけでもなかろうが、何らかの影響を及ぼせる限り、日本の軍部に、ツアーの軍隊と相対しているのではないことを分かってもらいたかったのだ。今ソ連軍*と比較されている日本軍は、かつて日本軍と比べられた、時代がかったツアーの軍隊と同じであり、そのツアーの軍隊が満州の戦場で辿ったのと同じ運命をシベリアで辿り得るということを筋にして書いたものだ」と動機を述べている。

「日本の支配階級は間違いなく方向を見失っている。経済面ではどの仮想敵国よりも弱体の上、産業面でも多年にわたり武器や装備を何百万もの兵に保証してやれないでいる。平和時に軍の重みを支えきれないでいるような財政面でも、戦いが始まったばかりのところで根っからの歳費削減を強いられよう。日本の兵士は全体的に新兵器も使いこなせないし、新しい戦法にもついていけない。人民は

＊一九三三年夏以降、満ソ国境全線にわたり堅固なコンクリート築城地帯を建設し始め一九三四年夏時点の極東ソ連軍は約二三万に増強されていたという。対する関東軍は約五万であった。

政権にひどく反抗的になっている。征服終了時には分断された国家を接ぎ合わすこともできないだろう。動員で軍には何十万の革命分子または革命分子予備軍が入ることになろう。朝鮮に満州、それにその背後の支那は、実際日本の支配に対し押さえようもない敵意を露《あらわ》にしよう。国家の社会的繋がりは分断され、系統は膨張しよう。軍事独裁という鏨《たがね》の枠の中で日本の官僚は強力のようだが、この神話も戦争が始まれば無残に正体を露そう。

赤軍と質的にどう異なるかは言及しては来なかった。日本が明らかに有利だが、両国間の物質的状況が同様だとしても、精神面ではとてつもない差が残る。軍事的敗北で革命が起こることは歴史が証明している。勝利となる革命が、人民を奮い立たせ、精神を統一させ、戦場では如何に巨大な動的作用を及ぼすことになろうか。

両国人民の、また全人類文明のためにも、日本の軍国主義が自制の途を踏み外さないように願う」

トロツキーは、本書を（プリンキポ脱出直前の）一九三三年七月十二日及び（フランス入り後の）一九三四年二月に書いたとしているが、大筋は自伝『我が生涯』を仕上げたプリンキポで書かれたものと思われる。まるで、その一年前の五・一五事件で軍法会議にかけられた海軍士官三上卓の『日本国民に檄す』という次の文を参考にしたとも読めるほどである。

「日本国民よ！　刻下の祖国日本を直視せよ　政治、外交、経済、教育、思想、軍事！　何処に皇国日本の姿ありや。…（中略）…民衆よ！　この建設を念願しつつ先ず破壊だ！」（加藤陽子『満州事変から日中戦争へ』、岩波新書）

4●メキシコに逃れたトロツキー

●——トロツキーを受け入れたメキシコの事情

トロツキーはメキシコに向かう船の中で、ソ連共産党政治局への公開書簡を書いた。彼はスターリン派による派手な誹謗・中傷を予期し、自分の命が狙われていることをも予言した。「彼（スターリン）が打ち砕かんとしているのは、反対派の理念なんかではなく、『頭蓋骨』なのだ」と付け加えている。

トロツキーがメキシコのタンピコ港に上陸したのは、一九三七年一月九日のことだった。港には彼の友人であり、良き理解者でもあり、また世界的に著名な壁画家でもあったディエゴ・リベラの妻フリーダ・カーロが夫に代わって出迎えに来ていた。

当時、米国の石油年間需要の二〇パーセントを賄い、世界第二位の石油生産国であったメキシコの豊富な資源の国有化を目論んでいたカルディナス政権は、資本輸出国である米国からも、欧州諸国からも、

▲…トロツキーとディエゴ・リベラ
◀…青い家

ソ連共産党の傀儡《かいらい》ではないかと決め付けられ、非難の的になっていた。カルデナス大統領はメキシコ共産党創設者の一人でもあったが、メキシコ共産党とメキシコ労働総同盟の激しい抗議を敢然とはねつけて、トロツキーの亡命を許したのは、すでにメキシコ共産党を離党していたリベラの強い要請に応じたというよりは、強引にトロツキストを追放するスターリンの政策に失望していたこともあって、自分が決してスターリンの言いなりになっているわけではないことを、内外に誇示する意図を持っていたと思われる。

　ソ連がメキシコシティに大使館を開設したのは、一九四三年のことであった。それ以前のＮＫＶＤの現地活動は、外交特権の庇護もなく行われていた。大使館の開設で、活動のしやすくなった現地のＮＫＶＤは、外交電報を利用して本部に約五七〇通もの報告を送り、本部からも約四〇〇通の応答がメキシコに送られていた。公表された、ソビエト暗号外交電報解読文であるＶＥＮＯＮＡ文書の三分の一に及ぼうとするこれらの情報も、その暗号の難解さから、満足に意味をなす解読文とされるものは、半数にも及ばなかった。

　メキシコに亡命して盛大な歓迎を受けたトロツキーは、メキシコシティの郊外、コヨアカンに家を借りて落ち着いた。「青い家」と呼ばれていたリベラ夫妻の家だった。そこは主として米国をはじめ、いろいろな国からやって来たボランティアの若者たちが、トロツキー夫妻を護り、支える集落でもあり、兵営でもあった。

トロツキーは、自ら、「もう若くはない」ことを悟って、集まってきた若い同志たちの教育を怠らずに、ユーモアを駆使しながら、課題と規律には厳しく対処していた。彼は昼夜を分かたず頻繁に論争の集いを催した。その後間もなく、トロツキーはリベラの妻、フリーダ・カーロとの不倫事件や、次期大統領選を巡るリベラとの政治的決別から、同じコヨアカン区の外れにある家に転居した。引っ越して来た時は、廃墟のようだったその家も、見張り塔まで増設されて、「小要塞」と呼ばれるようになった。外壁の高さも余り高くはないので、外壁を乗り越えて侵入者があることにも備えて、その内側に警報が鳴り響くように電線を張り巡らせたが、鳩の仕業による誤作動には、ほとほと閉口していた。

その頃、モスクワでは「見せしめのための第二次モスクワ裁判」が行われていた。「われわれはラジオに耳を傾け、モスクワからの手紙や新聞を開き、その裁判の狂気、馬鹿馬鹿しさを感じ取った。激しい怒りと、耐え難い欺瞞への抗議。それにノルウェーでの時（第一次「見せしめのためのモスクワ裁判」）と同

▲…リベラとフリーダ・カーロ

▲…リベラ「宇宙を統括する男」（部分）

▲…ジョン・デューイ

様に、ここメキシコでも、血の迸《ほとばし》りを感じた」

トロツキーは、再度この計り知れない姦計に組み入れられている、偽の罪状証拠の内に含む矛盾を暴《あば》きだすことによって、彼とその支持者たちに振り向けられた、全ての非難を完璧に反駁するために次から次へと裁判批判記事を書き、発表した。それが実って、アメリカ人の哲学者で教育学者のジョン・デューイが議長を勤める「逆裁判」を行う委員会（デューイ委員会）が組織された。審議は丸一週間続き、トロツキーに対する非難、捏造、作為などの欺瞞が明らかにされ、彼の身が潔白であることが証明された（ジョン・デューイ委員会の記録は次の二冊として、ハーパー兄弟社からニューヨークとロンドンで出版された。『レオン・トロツキーの裁判』一九三七年、『無罪』一九三八年）。

●——追うスターリン

ソ連諜報機関、KGB（国家保安委員会）のマスタースパイといわれたパヴェル・スドプラトフ中将は、長い間その実名は知られることがなかった。ソ連では「センター」とかロシア語で、「スパイに死を！」の意味の略語「スメルシュ」（軍隊内のスパイ摘発機関）の首領で通っていた。第二次世界大戦中は、ドイツ軍後方でのゲリラ活動や、情報攪乱の指揮をとっていた。八九歳で亡くなる二年前の一九九四年に、病弱を押して回想録『特殊任務』（木村明生監訳『KGB　衝撃の秘密工作』ほるぷ出版、一九九四年）を著し、一四歳で暗号係りの補助要員として、赤軍に加わったのを振り出しに、「wet affairs（裏での汚れ仕事）」といわれる暗殺、テロ行為、破壊工作に捧げて来た一生を語っている。彼こそ、スターリンの前に立ちはだかる者は容赦なく「音を立てることもなく」消していくことで、スターリンの絶対的な信頼を得ていた男である。

一九三九年三月、KGBの前身であるNKVD（内務人民委員部）長官、ラヴレンチー・ベリヤの下で対外情報部長として勤務していたスドプラトフは、スターリンから呼び出しを受けベリヤと共にクレムリンにあるスターリンの執務室に入った。そこでスドプラトフは、スターリンから直接、極秘の「任務」を与えられたのである。

スターリンは命令を出すときのように姿勢を正して言った。「トロツキーは一年以内に排除されなければならぬ。つまり、戦争に突入するのは必定だが、その前にだ。彼を排除しておかなければ、スペインでわれわれが経験したように、ソ連が帝国主義者に攻撃されたとき、国際共産主義運動をしている盟友に頼ることができない。もし彼らがトロツキストの背信的内部浸透への対策に手を取られるなら、われわれの敵の背後で破壊工作やゲリラ行為によって敵を攪乱するという国際的使命を果たすのが非常に困難になるだろう。われわれは、プロレタリアート独裁の強化と、国の工業力、軍事力の強化を同時に成し遂げたことがない」とスターリンは言った。（『KGB 衝撃の秘密工作』上、一二四ページ）

スドプラトフは回想録の中で、スターリンから与えられた任務について、当時のことを次のように明らかにしている。

「一国社会主義」の建設を目指すスターリンと、「永続革命」の推進を夢見るトロツキーの激しい路線対立……。共産主義革命をめぐるトロツキーの「イデオロギー戦争」は遂に破局を迎えて、もはや修復不可能となっていった。スターリンはスドプラトフに向かって、メキシコに亡命中のトロツキーに対して、突撃部隊を組織して「アクション」（暗殺）を実行することを厳命した。暗殺が成功すれば、「党は関わった者たちを永久に忘れないだろうし、本人だけではなく家族全員の生活を保障するつもりだ」と付け加え、スドプラトフの忠誠を強く鼓舞した。スターリンはさらに、トロツキーの暗殺計画実行の全責任は、スドプラトフが負うことを指摘、暗殺遂行過程に関する報告は直接、ベリヤ一人に行うことを命じた。これに対して、スドプラトフは暗殺計画の完遂を保証する条件として、自分も関わったスペイン市民戦争のゲリラ作戦の生き残りを使うことの許可をスターリンに求めて、その了承を取りつけた。

メキシコシティ郊外、コヨアカンにあるトロツキーの亡命先の居宅に対して最初の襲撃が行われたのは、一九四〇年五月二四日のことだった。襲撃団を指揮していたのは、これまたメキシコの有名な画家で、スペイン内戦への参加者でもあったシケイロスだった。トロツキーは幸いにも、このときは怪我一つなく奇跡的に生きのびることができた。だが、それからわずか三か月後の八月二〇日、今度はベルギー人「ジャック・モルナール」こと、実はスペイン人で、同じくスペイン内戦で共和派の若き将校として戦った、ラモン・メルカデルのピッケルの一撃を頭に受け、翌二一日には波乱に富んだ六〇歳の生涯を閉じている。メルカデルはエイチンゴンの勧めにより、スドプラトフ自らが選んだスターリンの刺客だった。

●動員されたメキシコ共産党

一方、スターリンに忠誠を誓っていたメキシコ共産党は、「見せしめのためのモスクワ裁判」に徹底した反論を続けるトロツキーの口封じを画策したばかりか、挙げ句の果ては、国外追放をも口にする始末だった。党の機関紙を使ってのトロツキーを貶《おとし》めるための誹謗、中傷記事には、「トロツキーはカルデナス政府の転覆を図っており、ファシストや反動勢力と協働している」とまで書き立てていた。

メキシコ共産党内で密かに進められていたトロツキー暗殺の企みは、事件から三八年後の一九七八年に、フランス共産党機関紙『ユマニテ』に掲載された、当時のメキシコ共産党政治局員ワレンティン・カンパの書いた『私の証言』で、初めて暴露された。一九三八年九月二六日、メキシコ共産党主催のトロツキー非難集会後に、書記長ヘルナン・ラボルデは秘密裏に、コミンテルンの代表たちと会うように命ぜられた。スペイン共和国議員マルガリータ・キエルケン、コロンビア共産党首カルロス・リビエラ、フランス共産党議員ジャック・ギーサたちだった。そこでラボルデは、コミンテルンとの密接な連絡の下に、トロツキー暗殺の実行計画を作ることを命ぜられている。書記長ラボルデはカンパとラファエル・カリーヨと書記局幹部会議を開き協議した。この三人は、「トロツキーの政治生命はすでに尽きており、影響力も全く失われている」という考えで一致を見た。それで、「もしそんな男を消すことに手を貸しでもしようものなら、それこそメキシコ共産党及びメキシコの革命運動、さらには国際共産主義運動全体にとっても不名誉なことになる」と結論を下し、その計画は誤りであると、コミンテルン代表に回答した。しかし、

▲…アール・ブラウダー

コミンテルン代表の強硬な脅しを受けても、納得できないカンパとラボルデは、ニューヨークに行き、米国、メキシコ、カリビアン地区のコミンテルンの統括者であり、米国共産党書記長でもあるアール・ブラウダーに会って話し合うことにした。ブラウダーは二人の立場に理解を示し、「モスクワにその意向を伝えるから、心配は無用である」と応じた。といっても、ブラウダーはその言葉とは裏腹に、モスクワやニューヨークで、トロツキー暗殺の特殊任務工作員に会っていた。二人に会う前にすでに、暗殺実行部隊は、メキシコに送られていたのであった。

こうした中で、メキシコ共産党の粛清をまかされたのは、コミンテルンから派遣されたイタリア系アルゼンチン人のビットリオ・コドビージャだった。彼はスペイン内戦ではNKVD特殊任務班長だった。そこで、彼はスターリンの政策に反対するPOUM（マルクス主義統一労働者党）メンバーの暗殺を組織していた。コドビージャは暗殺計画の妨げとなるような分派は全て、メキシコ共産党から一掃し始めた。カンパとラボルデは、トロツキストをかばう日和見主義のセクトだ、と非難されて、あっさり党から追放されてしまった。

●――外濠の埋め立てには身辺の女性を利用

ナウム・エイチンゴンは、スペイン内戦の際には「コトフ」将軍の名で、ベテラン諜報工作員としてスペイン共和国軍の義勇軍、「国際旅団」の特殊任務部隊の訓練や監督に当っていた。また、コミンテルンの指示の下、スペイン共産党員として、積極的にスペイン共和国内での諜報工作活動も行っていた。このエイチンゴンは、バルセロナの名門の出で、大変衝動的で、エネルギッシュで、決断力のあるユースタシア・マリア・カリダード・メルカデル・デル・リオ（エルナンデス）と知り合って恋に落ちた。カリダードは熱烈な共産主義者で、諜報工作員としても、うってつけの才能があった。エイチンゴンはNKVD本部にカリダードを正規の諜報工作員として採用するよう推薦して、その許可を取りつけている。

カリダードには三人の息子と娘が一人（それに父違いの四男ルイスも誕生）おり、スペイン共和国軍の青年将校で、共産主義思想を信奉していた次男のラモンを特に可愛がっていた。カリダードからラモンを紹介されたエイチンゴンは、ラモンにも破壊工作やゲリラ闘争の方法を教えた。その後、モスクワに送り、NKVDの特殊学校で訓練を受けさせて、腕利きの工作員に仕立て上げたのである。

ラモンは海外でスターリン批判を続けるトロツキーを「絶対許してはならない」と叩き込まれた。エイチンゴンがスターリンのトロツキー暗殺命令を伝えると、ラモンは与えられた使命の重責を十分認識した上で、スターリンを崇拝する共産主義者として、その敵トロツキーを文字通り斃すために、「全力をあげて実行する」ことを誓ったのである。

NKVDはトロツキーに接近できる人物として、シルビア・アゲロフに目を付けた。彼女は米国のトロツキスト組織「ボリシェビキ・レーニン主義者」に属する熱心なトロツキストであった。母国語の英語のほか、フランス語、スペイン語をこなし、その上母親がロシア人であったので、ロシア語も話せた。NK

VDの狙いは、シルビアがトロツキーの秘書をしていた妹の誼を通じて、トロツキーの信任を得ていたことである。まず、米国でのソ連赤十字代表グレゴリー・ラビノビチがシルビアの友人の共産党員、ルビー・ウェイルを使って、一緒に夏期休暇旅行に欧州に行こう、と誘わせた。一九三八年、ロンドン経由でパリにやって来た二人は、そこに先回りしていたルビーの友達のガートルード・アリソン（北米出身のコミンテルン秘密連絡員。後にエドゥアルド・スチャードと結婚、メキシコに移住、ベネズエラの共産党指導者となる）と会い、そこで、ラモンを紹介されたのである。

ニューヨークからやって来たアメリカ人の女性トロツキスト、シルビア・アゲロフは二八歳、婚期の遅れが気になる年頃だった。「ジャック・モルナール」を名乗るラモン・メルカデルは二五歳。彼はパリのソルボンヌ大学でジャーナリズムを専攻している、ベルギーの外交官の息子を装っていた。シルビアは、「ジャック」のあることないことの自慢話や、後年のフランスの人気俳優アラン・ドロン張りの美貌と、優雅な振る舞いの虜《とりこ》になってしまった（戦後に制作された、トロツキー暗殺を主題とした映画「暗殺者のメロディ」は、米・仏の人気俳優アラン・ドロンがラモン役を演じ、リチャード・バートンがトロツキーの役を演じた）。

夏になって、パリにトロツキストが結集して、第四インターナショナル創立の秘密会議が開かれた。シルビアは会議への代表者ではなかったが、通訳の資格で数度会議に出席している。「ジャック」は、政治的関心は全くないかのように装っていたが、会議場の周りをうろついて、「偶然に」多くの重要な代表者たちに会った。

七月一六日、セーヌ川に頭のない死体が浮かんだ。ルドルフ・クレメントの無惨な惨殺死体であった。

時を同じくして「ジャック」は、身内が交通事故を起こしたと告げてパリを去っている。九月になってパリに戻ってきた「ジャック」は、ベルギーで懲兵忌避者として拘束されていたと語り、逃亡者を装い、今やカナダ人「フランク・ジャクソン」の偽造された旅券を持って現れた。シルビアは彼に同情するだけで、疑いもしなかった。

ニューヨークに戻ったシルビアは、「ジャクソン」に乞われるままに、一九四〇年一月には彼を追ってメキシコに渡った。ラモンにとってシルビアの到着は、トロツキーの秘書を務める彼女の妹、ヒルダ・アゲロフを通じてトロツキーやトロツキストたちと接触する足がかりを得ることになった。だが、彼は事を焦らず、数か月もの間コヨアカンに近づくことはしなかった。妹に会うためにしばしば、防備を固めて「小要塞」と呼ばれるようになったトロツキー邸を訪ねていたシルビアも、彼をそこに連れて行くことはなかったからである。彼女はこの間、彼が自分の母の愛人でもあるトロツキー殺害計画の首謀者エイチンゴンと会っていたことは、何も知らなかった。

中古の米国車ビュイックを手に入れていた「ジャクソン」は、シルビアと共にトロツキーの盟友、フランス人のマルガリータとアルフレッド・ロスメル夫妻をドライブに誘い、次第に夫妻との交友を深めていった。父母を亡くしていたトロツキーの孫セドフを、トロツキーの依頼により探し出して、メキシコに連れてきたロスメル夫妻は、トロツキー邸に逗留していたのである。

三月にシルビアがニューヨークに戻っていた時、病に倒れたロスメル氏の依頼を受けて、「ジャクソン」は自分の車を彼の通院や日常の雑用に提供した。「ジャック」にとってこのことは、ロスメル夫妻との関係を深める上で大きな前進となった。「ジャクソン」はロスメル夫妻と親密になったのみならず、「小要塞」の守衛や護衛の者たちを手なずけて、もはや壁はなくなっていたのである。そして、彼にとって、優れた工作員独特の嗅覚と記憶力を働かして、「小要塞」の構造や、護衛の配置の詳細を頭の中に叩き込むのは、決して困難なことではなかった。

●――どじを踏んだ第一次実行部隊

一九四〇年五月二四日の深夜、トロツキー暗殺計画がシケイロス指揮の下で実行された。襲撃参加者の多くはスペイン内戦で戦った農民・労働者たちだった。前夜には警察内での、共産党員を誘い出す派手なパーティが仕組まれ、「小要塞」付近の警護は手薄にさせられていた。そこへ特製の警察官の制服や軍服をまとった二五～三〇人の男たちが邸内に押し込んだのである。侵入者はトロツキー夫妻の寝室に三〇〇発ともいわれる機関銃弾を乱射した。銃撃の激しさに、守衛たちは身動きもできないでいた。孫のセーバは寝室で、跳ね返った銃弾で足の親指に擦り傷を負っている。トロツキーが無傷だったのはまさに奇跡だった。妻ナターリャが素早くトロツキーをベッドの下に押し込み、自らの身でかばってくれたためだった。その場所は、銃撃から逃れられる部屋の中で唯一の死角だった。睡眠薬が効いてぐっすり寝込んでいたトロツキーの耳には、銃撃音は何かお祭りでの花火かのように虚ろに響いたようだが、火薬の匂いで初めて異変の勃発を悟っていた。焼夷弾の火を消そうとしてナターリャは火傷をしたが、仕掛けられた爆弾は不発だったのも幸いした。

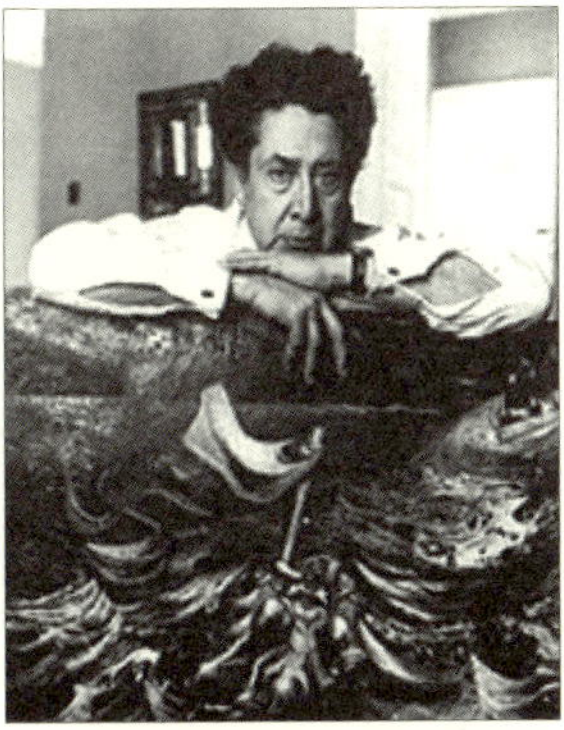

▲…シケイロス「未完の壁画」(1940年)
▶…ダビッド・シケイロス

その夜の襲撃のリーダー、シケイロスは二〇世紀メキシコ壁画の大立者の一人として、世界に知られていた。青年期にメキシコ革命に参加し、スペイン内戦では「国際旅団」の大佐として活躍していた輝かしい経歴を持っていた男である。彼は、トロツキストとPOUMが、共産勢力や民主勢力に示した「反革命」行為で汚されたメキシコ共産党の名誉回復を願っていた。また、ヒトラーがソ連侵略を図っているときに、トロツキーがメキシコをスターリン攻撃の拠点として利用していることも黙認できないでいたのだ。

襲撃者たちは、「文書や記録の保管場所に侵入して、スターリン反対派の宣伝文書の壊滅を計ると同時に、トロツキーが思想の相反する反動的な米ハースト系新聞各社からも、資金の提供を得ているという、証拠となるような文書を手に入れて、彼を貶め、同時にカルデナス政権を揺さぶろうとした」としている。だが、その目的は達成されなかった。

襲撃者の一団を「小要塞」内に手引きしたのは、トロツキーの秘書兼護衛役の一人であったアメリカ人ロバート・ハートだった。ハートが疑おうともせずに入り口の錠を解除したのは、彼が知っている何者か(「ジャクソン」と見られている)が襲撃団に加わっていたためだとも、また、予めNKVDが送り込んでいた男だからとも、いわれている。一方、ソ連諜報部の陰の実力者スドプラトフはその著書『特殊任務』の中で「ハートが始末されたのは、ニューメキシコで薬屋をしているNKVD工作員ヨシフ・ロンバルドビチ・グリゴリエビチ（組織名パードレ）の顔が割れるのを恐れたためである。グリゴリエビチは一九三四年か三五年にNKVDに徴募され、一九三七年にはスペイン内戦に参加して名をあげた男であり、トロツキー暗殺ではエイチンゴンとは平行した別系統の組織を作ることを命じられていた。その後、ユーゴスラビアのチトー暗殺計画に携わった」と、別の見解を述べている。

誘拐されたハートの死体が、武装襲撃の数週間前からシケイロスとその弟のヘススが借りていたサンタ・ロサの地下室（一説では採鉱場）で発見されたのは、襲撃が失敗に終わった一か月後のことだった。トロツキーはハートを疑うこともなく、慰霊碑を建て、犠牲者として悼んでいる。この襲撃を行ったのは、明らかにメキシコのスターリン主義者であるが、その背後にあったNKVDの存在は否定できない。トロツキー自身も襲撃前の何週間も、スターリニスト関連の新聞記事から襲撃を嗅ぎ取って、それなりの備えはしていたといわれている。

共産党とその同調者は、この襲撃をカルデナス政府と共産党を貶《おとし》めるため、「トロツキーが打った一人芝居だ」と、荒唐無稽な主張を行ったが、当の共産党支持者を除いては誰も信用する者はいなかった。襲撃に加わったシケイロス以下八名は逮捕され、裁判に付されたが、党と組合の圧力を受けた警察は、翌年三月には逮捕者たちを「起訴に足る証拠不十分」ということで釈放してしまった。当時、チリの在メキシコ外交官で、後にノーベル文学賞を受賞した詩人パブロ・ネルーダも、釈放されたシケイロスの国外脱出（チリ亡命）に一役買っている。

シケイロス自身はトロツキー邸襲撃に関して、自分の役割を否定しないどころか、むしろ大っぴらに「スペイン内戦以来の革命的報復である」と誇らしげに語っていた。だが、襲撃の不手際ぶりに面目を失ったメキシコ共産党幹部は、「襲撃は党の知らぬところで、無鉄砲な輩や、攪乱工作員がやったものだ」と主張して逃げを打った。スターリニストの機関紙はこれを受けて、いったんは英雄扱いさえしたシケイロスを、一転して半狂人扱いとしたり、「トロツキーに買収された男」とさえ書いた。メキシコ共産党の機関紙は、「襲撃は共産党並びにメキシコ国家に仕向けられた挑発行為であるから、トロツキーは直ちに国外追放されるべきだ」とも書き立てたものである。

だが、トロツキスト攻撃の矛先は、一九五六年に開催された、ソ連共産党第二〇回大会でのフルシチョフ「秘密報告」でなされたスターリン批判を機に、激しさは急激に衰えていった。長らくフルシチョフの上司であったが、一九五七年、フルシチョフによって反党分子として追放の憂き目にあったスターリン側近のカガノビチは、その自伝で、「一九二三〜二四年当時のフルシチョフは、トロツキーの支持者であり、その彼が原点に触れるような演説を行ったのが、その始まりになった」と指摘している。

●——はからずも暗殺を任された「ジャクソン」

一方、シケイロスの襲撃を免れたトロツキーは、それを自分の殺害に対する「執行猶予」と受け止めた。後に妻のナターリャは「救われたという喜び一杯の気持ちも、また新たにやってくるという見通しに水を差され、備えを固めねばならなかった」と回想している。トロツキー邸の屋外に配置された警察官の数は三倍に増やされ、守衛の装備も新たにされた。それにもまして住居の要塞化が図られた。ドアも窓も、防弾化され、呰部分の床も天井も爆弾に堪えられるように強化されていた。表玄関のドアは二重の鋼鉄製に替わり、その鍵は遠隔操作で開閉がなされる電動式となった。見張り塔は近所を睥睨《へいげい》するように見下ろしていた。こうした改築補強工事のために募金をして、作業を担当したのは、第四インターナショナルの同志や同調者だった。トロツキー邸内でのトロツキーの身辺警戒も一段と厳重になった。

ところが、一人の不思議な男の存在を不審に感じていたものは、家中には何人かはいたものの、不幸にも暗殺者に転じた男への用心は皆無だった。守衛の中には、一見政治には全く関心のなさそうな、ベルギーに裕福な母を持つという、ＮＫＶＤの工作員とはとても思えない、この男、「ジャクソン」とメキシコシティのレストランで親しく会食をしていた者さえもいたほどである。秘書役の護衛たちは、呰に立ち寄る者が何か凶器を隠していないか、徹底した所持品検査を怠ってはいなかった。また、トロツキーは護衛を常に一人は傍に置くように進言されはしたものの、トロツキー自身は余り乗り気ではなかった。「自分の生活を自衛だけにしてしまうことなどはできなかった。生活の意義が失われてしまうからだ」と、ナターリャは述べている。「彼は、お互いに友人を不審の目で見ることは、スパイを入りこませるよりも性質の悪い組織の分裂につながる行為だ」と諫めていた。それでいながら、ハートが護衛の任についてしばらく後のことだが、トロツキーは彼に教訓を与えていた。「私たちの家は改造中でした。そのため一五分～二〇分ごとに、門を開け、人夫が手押し車を押して外へ出たり、また入ったりすることができるようにする必要がありました。ハートは鳥かごを作ることにすっかり夢中になっており、自分がその仕事から離れなくてもよいように、軽はずみにも門の鍵を人夫に渡してしまいました。これがレフ・ダビッドビチ（トロツキーのこと）の注意を引かないことはありません。彼はハートに、それは非常に危険なことであると説明して、こう付け加えました。『君は君自身の軽率さの最初の犠牲者になってしまうぞ』と」

シケイロス一派による襲撃の失敗後に、スドプラトフとエイチンゴンが作ったトロツキー暗殺の代案が実行に移された。NKVDがトロツキストの粛清に常套手段としていた、人脈を使った浸透作戦である。「ジャクソン」はトロツキー周辺の情報を集め報告する役目から、一躍暗殺実行者に指名された。

「ジャクソン」が初めてトロツキーに会ったのは、シケイロス一派の襲撃後わずか四日後のことである。ロスメル夫妻が、五月二八日にニューヨークに行くのを知った「ジャクソン」は、ロスメル夫妻を五〇〇キロ近く離れたベラクルス港まで送るために、その朝「小要塞」に車で迎えに行った。その時、ポーチにいたトロツキーは、自己紹介をして、彼をお茶に招き入れたのだ。トロツキーの妻ナターリヤも、ロスメル夫妻の見送りに同行した。この機会に「ジャクソン」は彼女の心を開かせたのである。

六月一二日、「小要塞」に現れた「ジャクソン」は、商用でカナダに行くので、その間車を自由に使って欲しい、と、トロツキー夫妻に申し出た。カナダに行くというのは嘘で、中継地ニューヨークで、エリザベス・ベントレーやルイス・ビュデンズが一員であったヤーコフ・ゴロスの組織網の長である、ソ連領事館付NKVD常任駐在官ガイク・オバキミヤンに会い、打ち合わせをするのが目的だった。

●——運命の一九四〇年八月二〇日（火曜日）

八月八日の夕方、「ジャクソン」とシルビアは初めて、トロツキーのお茶の席に招待された。「ジャクソン」が初めて単独でトロツキーの書斎に招き入れられるチャンスは、自分で書いている論文の講評をトロツキーに願い出たときにやってきたのである。

八月一七日のことだった。暑い日だったが、彼は帽子をかぶり、黒い服を着て、手にレインコートを持っていた。トロツキーの書斎に入ると、椅子に座る代わりに、本や書類で一杯のトロツキーの仕事机の端に腰掛けた。トロツキーにとってそれは呆れるくらいの不作法に思えた。「ジャクソン」のその日の行動は、トロツキー身辺の警護状況を探り、計画実行の可能性を肌で感じ取る、トロツキー暗殺のリハーサルであった。

アステックの谷は雨期であったが、その日の朝は、太陽が明るく輝き、中庭には、バラやゼラニウムの花がメキシコサボテンの間に光輝いていた。トロツキーは身体に充実感を覚え、いつになく機嫌がよかった。まず、小屋のウサギとニワトリに餌をやりはじめた。トロツキーは動物の世話をするのを、日課の楽しみにしていた。彼は体を動かすことが好きで、ほかの仕事と同じように非常に精力を注いでいた。閉じこめられた生活の憂さ晴らしにもなったからである。ナターリャやそこに居合わせた人たちの回想によると、事件は次のようにして起こった。

「トロツキーは午後五時まで仕事をしていました。スターリンの策謀と、地元の新聞『エル・ポプラール』の攻撃に対する反駁について約五〇ページ弱の口述筆記をさせていたのです。トロツキーやナターリャや、その家にいる幾人かはいつものように五時ごろ、お茶を飲みました。お茶の後に、トロツキーはまたウサギ小屋へ向かい、朝と同じようにウサギに餌をやっていました。バルコニーに出た彼女は、彼の脇に、見慣れぬ人間が立っているのに気づいたのです。その人間は近づいてきて、帽子をとりました。ジャクソンでした。この人またやって来た、そういう思いが心にひらめきました。この人なぜこんなにたびたび来だしたのだろう？　私はそう自問しました」。彼の出現は、彼女の不吉な予感を深めたのだ。

▲…トロツキーが暗殺された書斎

決行の当日、「ジャクソン」は車をいつものように家に向かって止めることはせずに、壁に沿って、しかも頭を市内の方に向けて駐車した。彼は下車するなり、見張り塔の守衛に気軽に声をかけた。その時、トロツキー家の近くには、他に二台の車が止まっていた。一台には「ジャクソン」の母親カリダードが、もう一台にはエイチンゴンが乗っていた。当日「ジャクソン」もシルビアも訪問予定はなかったのだが、いつものようにトロツキーの気紛れかと思われていた。だがナターリャの目に映ったその時の「ジャクソン」は、何かうつろな眼差しで、落ち着きに欠けているようだった。喉が渇いた、と水を求めた彼に、ナターリャは紅茶をすすめたが「ジャクソン」は断った。

前回、不備を指摘された投稿論文、「第三陣営と人民戦線」の最終稿を見てもらいたいとか、明日シルビアとニューヨークに向かうとか、いつもながらの気易い言葉に、通常は餌やりを終えるか、シルビアが現れるまでは部屋に入ることはなかったトロツキーだったが、妻ナターリャや警護の者たちの心配をよそに、一人きりの書斎に彼を招じ入れてしまった。後にナターリャは、血塗れのトロツキーが、「部屋に入ったとき、俺はこの男に殺られるかもしれないとふと思った」、と述べたのを聞いている。だがせっかくの虫の知らせもそれまでだった。

「ジャクソン」はこの前と同じように、好天にもかかわらず、手にコートを持ち、帽子をかぶっていた。「自分は冬でもコートは決して着ない」と自慢していたはずなのでは……と、ナターリャは変に感じたが、彼に、論文をタイプしてきたかどうかと訊ねた。

「ジャクソンは、窮屈そうに手を動かして原稿を取り出しました。体から手を離さず手に持ったコートをぎゅっと押し当てるようにしていました。トロツキーは明らかにウサギのところから離れたくない様子でしたが、ためらいを振り切り、じゃ、どうかね、きみの論文を見てみようか？　と、とうとうジャクソンの方を向きました。彼は几帳面に餌やりの片付けをして、青い仕事着のほこりを払い、黙って、ジャクソンと一緒に、家の方へと歩き出しました」

「ジャクソン」が持参した論文を読み始めた書斎の机の上には、トロツキーの手の届く所に数日前に油を差し、弾も込められてる二五口径の自動拳銃が置かれていました。私は隣の部屋にいたのです。三〜四分もたった頃、恐ろしい、鋭い悲鳴が響き渡り、彼がよろめき現れ、ドアにもたれかかったのでした。顔は血まみれで、両手はだらりと垂れ下がり、青い鋭い目には眼鏡がありませんでした」

「ジャクソン」はテーブルに置いたコートに隠し持っていた、柄を短く切り落としたピッケルを密かに取り出して、背を見せているトロッキーの後頭部に必殺の一撃を与えたのだ。「トロッキーの悲鳴は長く、いつまでも続くようだった」と「ジャクソン」は取り調べの際供述している。

最初に駆けつけたトロッキーの秘書主任のジョセフ・ハンセンが書庫と食堂へ結ぶドアを入ってみると、「おやじさん（トロッキー）はよろめきながら書斎から二、三歩出てきた。血が顔を流れていた。そして、『見たまえ、奴らの仕業だ』と叫んだ。その時、護衛のハロルド・ロビンズが食堂の北のドアからやってきた。ナターリャが続いていた。トロッキーは食堂のテーブルの近くで力尽きて倒れた」

護衛のハロルドは、呆然として立っている「ジャクソン」に襲いかかり、彼を床に殴り倒した。トロッキーは護衛との格闘が続いていた書斎に向かって「皆に、殺すなと言え。いかん、いかん、あいつを殺してはいかん、あいつに話させなくちゃならんのだ」と叫んだ。

食堂のテーブルの近くに倒れているトロッキーのところにすぐ引き返した秘書のハンセンは、「おやじさん」に、彼がピッケルで殴られたこと、傷はかすり傷であることを告げた。「いや」とトロッキーは言った。彼は心臓のあたりを指差した。「ここで感じるんだ。今度は奴らはしでかしたよ」トロッキーは目でかすかに笑った。「ナターリャを頼む。あれは何年も、私と一緒にいてくれた」と、ハンセンは一八年後に回想している。

病院に運ぶため救急車が来たときには、トロッキーの左腕と左足はすでに麻痺し始めていた。警官によって封鎖された書斎の内部は、二人の格闘の跡がそのままに、家具類はひっくり返り、書類は散乱し、血のついたままのピッケルが床の上にころがっていた。病院に運ばれたトロッキーが「第四インターナショナルの……勝利は間違いない……進め」と途切れ途切れに語り、さらにつぶやくようになにかを言おうとして意識を失ったのは、ピッケルが振り下ろされてから二時間半後のことであった。

ニューヨークの友は、米国の高名な脳外科医を即刻飛行機で派遣しようとした。だが、メキシコで名のある脳の専門医による手術を受けた後、丸一日以上生きていたトロツキーは、一九四〇年八月二一日に六〇歳で亡くなった。頭に深く食い込んだピッケルの傷は、あと二センチ深ければ、即死であったという。

シルビアは事件発生の約二時間後にトロツキーの家に着き、何が起こったか手短かに説明され、警察本部に来るように言われた。彼女は泣きむせび、「ジャック・モルナールを殺して」、とわめき、「私は彼に利用されたのよ！」と叫び続けた。警察署で彼女は共犯者として逮捕されたが、今やヒステリーに近い状態で、トロツキーの名前が出るたびごとに泣きだした。彼女は警察に自分の恋人を殺すことまで要求した。

一方、トロツキーの護衛や秘書に取り押さえられた「ジャクソン」は、さまざまな矛盾した発言を繰り返した。「あいつらは僕の母さんを人質に取っていると脅しているんだ、シルビアは関係ない、ＮＫＶＤも無関係だ、俺はＮＫＶＤなんかではない」と訴えながらも、死の恐怖からか「あいつらがぼくにやらせたんだ」と本音も語っている。

警察に引き渡されて、取り調べを受けた「ジャクソン」のポケットには、逃走資金と目される八九〇米ドルと、万一その場に自分の遺体が残された場面を想定して、ＮＫＶＤが用意したと思われる、手紙が入っていた。フランス語でタイプされたその手紙は、日付と署名が鉛筆で書かれた奇妙なものであった。

「見せしめのためのモスクワ裁判」で粛清された者たちの「官製」自白書とよく似ていた。手紙には、「自分はトロツキストであるが、トロツキーからソ連に潜入して、サボタージュを広め、スターリンを誅殺するように命ぜられたが、トロツキーが外国の資本家と結託していたことが分かり、幻滅を感じたので殺した」、というものだ。うまく逃げおおせるか、その場で殺されるかを覚悟した計画的犯行だったのである。

「ジャクソン」が首尾よく任務を終えてトロツキー邸を抜け出てきたら、彼を近くの飛行場まで連れて行き、そこに待っている小型飛行機で国外に連れ出すことに、手はずを整え、近くの路上で待機していたカリダードとエイチンゴンは、警察の警報が鳴らされ、トロツキー邸付近に混乱が起こり、救急車が駆けつけたとき、その場をそそくさと逃げ去り、別々の道を辿って帰国している。

●――解放された人類の未来を信じて仆《たお》れた稀代の革命家

ロシア皇帝に投獄され、逃亡、亡命し、三度の革命に関わり、レーニンと共に一〇月革命を成功に導いた男、赤軍を創設した男、「クロンシュタット」の虐殺人、スターリニストたちの官僚主義的犯罪の批判を絶えることなく続けた男、「見せしめのためのモスクワ裁判」を耐え、レーニンと革命集団が作り上げた党の勝利を目撃した唯一の生き残りとなってしまった男、の最期だった。

トロツキーは、フランスに亡命（一九三三年）したとき、フランスの著名な作家アンドレ・マルローから「死をどう思うか」と問われて、「歴史に残るような使命を成し遂げていたら、死は問題ではない」と答えていた。トロツキーの死は、関係者にどのように受け止められたのだろうか。最愛の夫を殺されたナターリヤは、次のように書いている。

「下劣な人殺しには報いが下ろう。その、英雄的にして、美しくもある全人生を通じて、レフ・ダビッドビチは解放された人類の将来を信じていた。死を控えた数年間もその心情は揺らぐどころか、それまで以上に一層熟し、固いものとなっていった。全ての抑圧から解放された将来の人類は、一切の強圧に打ち勝とう……」（ビクトル・セルジュ著『レオン・トロツキーの生と死』パリ、一九五一年）。

トロツキーの孫、エステバン・ボルコフの場合は、こうだ。「トロツキーは年をとり、死の床で穏やかに死を迎えるような類の男ではなかった。彼は、マルクス、エンゲルス、レーニン、それに自分自身が思い描いていた真の社会主義の実現のための闘争の最前線で倒れたのである。これこそ、プロレタリアートの革命の英雄が、片手に赤旗を掲げ、片手に銃を持ちながら命を捧げるやり方なのだ。自分の義務を果たし、歴史的な使命を成し遂げた男に相応しい、永遠の安らぎを得て、この世を去ったのである」（エステバン・ボルコフ『レオン・トロツキーの暗殺』）

トロツキーの亡命を受け入れた、メキシコのラサロ・カルデナス大統領は、トロツキーが暗殺された翌日、次のような追悼の説話を発表した。「人民の目的も、理想も、その指導者が死んだからといって消え失せるわけではない。反対に、それは、自らの大義のために殺された犠牲者の血を通じて、いっそう強力になるのだ。トロツキーの血は、この祖国の心臓を潤すだろう」

トロツキーの肉親や近親者はいずれも、トロツキーの死を厳粛に受け止めながらも、テロを憎む一方、真のプロレタリア革命の実現を願って戦ってきた最前線で、トロツキーが襲われ、仆れたことを悼み、残された者はその意志を継いで今後も人類の将来を信じて、新たな闘争を続けることを誓っている。

これに対して、トロツキーを暗殺するために、スターリンの命令で刺客を送り込んだソ連本国の反響はいかなるものであったろうか？　ソ連共産党機関紙『プラウダ』は英BBC放送の伝えるところとして、この事件について「メキシコシティの病院でトロツキーが死亡。死因は頭蓋骨骨折。近しい関係者による犯行とみられる」と伝えたのみだった。これが、世界を震撼させた、レーニンと並ぶあのロシア一〇月革命の指導者、トロツキーの死に対するソ連の公式な弔辞と言えるであろうか？　もちろん、スターリンの密命を受けたNKVDが中心になって、トロツキーの暗殺計画を作って、実行させたという本当のことを、党機関紙が書けるはずはないし、書くわけにはいくまい。『プラウダ』紙の記事ほど読者をたぶらかし、トロツキー暗殺の真実を闇に葬ろうとする、見え透いた報道はなかったであろう。

　結局、トロツキー暗殺の真実が初めて、ソ連政府筋公認の下で国民に伝えられたのは、何と事件発生から、四八年後のことであった。一九八九年一月五日付、米『ニューヨークタイムズ』紙は、スターリンの命令でNKVDが仕組んだトロツキー暗殺の事実を明らかにする歴史学者、N・バセツキーの論文が週刊『リテラトゥールナヤ・ガゼータ』（『文学新聞』）に掲載されたことを引用して、それが「ソ連国内で初めてのことである」と、ニュースにしている。当時、ソ連ではゴルバチョフ政権の下で、ペレストロイカ（改革）とグラスノスチ（情報公開）が進行中だった。このおかげで、スターリン時代やスターリン時代以後も長年にわたって「封印」されてきたスターリンの刺客によるトロツキーの暗殺の事実が、ようやくソ連国民に対して解禁されたわけだ。

▲…「トロツキーここに眠る」（トロツキー博物館）

　だが、だからといって、これによってソ連国民がトロツキー暗殺事件の全ての真実を知ったことにはならなかったことは、今さらいうまでもない。

（因みに凶器に使われたピッケルのその後の行方については、元メキシコ秘密警察のサラザール長官の娘アナ・サラザールが、「それを所有している」と言っている、と英『ガーディアン紙』が伝えた。「トロツキー暗殺事件を担当した父が盗み隠していたもので、未だトロツキーの血の痕が残っている」そうだ。トロツキーの孫で、暗殺現場をトロツキー博物館とした、その館長を務めているセーバ・ボルコフは、彼女がそのピッケルを博物館に寄贈してくれるなら、ＤＮＡ鑑定のための資料を提供すると申し出たが、「彼女は金銭取引を求めている」と報ぜられている。）

5●VENONA PROJECT（ソ連外交暗号電報解読作業）

●――ゾルゲ情報で極東ソ連軍をモスクワ攻防戦に投入

ある重要な機密情報が国際関係や軍事情勢を動かす大きな要因となったことは、歴史上枚挙にいとまがない。冬将軍到来前に、モスクワ攻略を目論んでいたヒトラーが「バルバロッサ作戦」を発動したのは、一九四一年三月のことである。一二月初めには、モスクワ郊外三〇キロの地点にまで悪戦苦闘の末到達した先鋒のドイツ戦車軍団の指揮官は、双眼鏡でモスクワの街並みを遠望することができた。このドイツ軍を迎え撃ち、ソ連軍が反攻に転じることができたのは、それまでソ連極東部に連なるソ満国境地帯で日本の関東軍と対峙していた極東ソ連軍の転用があったからだったと信じられている。

東京で諜報活動を繰り広げていた、ソ連軍事諜報員リヒャルト・ゾルゲがもたらした「日本には対ソ戦の意思なし」との情報によって、極東ソ連軍二〇個師団が関東軍との対峙から解放されて西送され、モスクワ防衛戦に投入したことが勝機を掴む大きな転機となったといわれている。モスクワにいち早く帰還した部隊は、赤の広場で行われた一〇月革命記念パレードに参加する余裕さえ見せていたのだ。

雪とぬかるみに動きを封ぜられ、モスクワ近郊で進撃を阻まれたドイツ軍が、何とか戦線を建て直すために、次に打って出たのは第二次大戦、欧州戦線での最大の激戦地となったスターリングラード（現ボルゴグラード）の攻略作戦だった。ソ連随一の重工業基地の破壊と相まって、何よりも宿敵「スターリン」の名を冠した都市の攻略には、ヒトラーの長年の怨念が込められていた。受けて立ったソ連軍を率いたのは、兵士の消耗を怖れない冷血の将軍、ノモンハン事件の英雄ゲオルギー・ジューコフ上級大将（当時）だった。両軍合せて一五〇万人もの犠牲者を出した史上最悪の血みどろの戦い、「スターリングラード攻防戦」が行われたのは、一九四二年八月から四三年二月までのことであった。それはいみじくも太平洋戦線の転機ともなったガダルカナルの戦いと、まったく時を同じくしていた。ソ連軍に包囲され、補給路を絶たれたドイツ兵は飢えに苦しみ、雪の中から倒れた馬を掘り起こし、次に犬や猫、最後は斃れた兵士までをも食したことを、複数のドイツ兵や、市街戦に巻き込まれて四万人もの犠牲者を出したスターリングラード市民が証言している。だが馬、犬、猫に頼ることが適わなかったガダルカナルでは、日本軍は五〇〇〇人を上回る戦死者、一万五〇〇〇人の餓死、病死者を出したともいわれている。

独ソ不可侵条約が締結されたのは、第二次大戦勃発（一九三九年九月三日）の一〇日ほど前の八月二三日のことであった。当時、ソ連東部に隣接する満蒙国境地域では、ノモンハン事件でのソ連軍の大攻勢が始まったばかりだった。独ソ不可侵条約には、秘密付属議定書があって、東欧における独ソ両国の「勢力範囲」を具体的に規定していた。その結果、お互いにはばかることのなくなったヒトラーとスターリンは、九月に入ると直ちにポーランドに侵攻して、同国を東西に分割してしまったのである。

一方、日本では、ソ連を牽制する目的で一九三六年に「日独防共協定」を結んで以来、日本と友好関係にあると信じて疑わなかったドイツが、日本の主要仮想敵国のソ連と「独ソ不可侵条約」を調印したため、平沼騏一郎内閣は「欧州情勢は複雑怪奇なり」との有名な声明を出して、総辞職をしてしまった。

日中戦争に際してヒトラーは、表面的には「日独伊三国同盟」を尊重して、日本との結束を強めるような態度を取りながら、その裏では中国国民政府軍にチェコ製高性能軽機関銃を含む大量の武器援助を行い、日本軍に少なからぬ打撃を与えていた。また、独ソ不可侵条約の期限を一〇年と謳いながら、締結後たった二年にも満たないうちに、それすら破棄して、ヒトラーは対ソ戦（一九四一年六月二二日）に踏み切ったのである。

このように、国家間での「友好」関係は、必ずしも絶対的な形では存在し得ない。第二次世界大戦終了間際の一九四五年八月九日に「日ソ中立条約」を無視して、対日戦に踏み切ったソ連を非難する日本の国民感情はそれなりにもっともだが、その日本側も同条約が存在しながら、ドイツの呼びかけに応じて対ソ戦の機会をうかがっており、一時はその時期をドイツ軍がボルガ河を渡った時点と設定して、密かに準備をしていたことも忘れてはなるまい。

●──「噂」の存在確認がきっかけとなったVENONA PROJECT

スターリングラードの攻防をめぐる激しい戦闘が行われている最中に、独ソ間で和平交渉が秘密裡に行われているとの「噂」が、米国国防省情報部管轄下の陸軍特殊部隊の耳に入った。このような和平交渉の存在は、一概には否定できない。目先の国益のためならどんなことでも起こりうるのが、外交の世界なのだから。ソ連はかつて、第一次世界大戦の最中に革命のために東部戦線から離脱して、ドイツと単独講和（トロツキーが主導したブレスト・リトフスク条約）を結んだ。東部戦線におけるロシアの脱落は、結果的にドイツをして西部戦線の英仏軍に重圧を加えることを可能にする、事実上の利敵行為となった。同様に今度も「噂」通りに、独ソ間に和平交渉が成立すれば、米英連合軍に対するドイツの軍事的圧力は、一気に高まることは目に見えていた。

こうした情勢を踏まえて、米国政府がソ連の外交電報を解読・分析して、機密情報をつかみ、この「噂」の存在を確認しようとしたのがVENONA PROJECTの発端であった。

一九〇八年以来米国は、連邦捜査局（FBI）が外国のスパイ活動防止の任に当たってきた。だが、その本格的な活動は、一九三九年の第二次大戦勃発後のことであった。一九四〇年六月、ローズベルト大統領はFBIに、外国スパイ活動阻止の責任を負わせ、友好国の協力も得て、敵国（枢軸国）による米国と西欧でのスパイ活動摘発に有効に対処しようとした。だが、対ソ諜報活動には大した実績もなく、一九三〇年初めのニューディール時代に政府内部に入り込んだ若き左翼同調者たちは、貴重な政府情報をソ連に垂れ流していた。

一九四三年から四四年に、NKVD対外情報局長パーベル・ミハイロヴィチ・フィーチンは、コミンテルン（共産主義インターナショナル）の指導者ゲオルギー・ディミトロフに対して、ソ連の協力者となりうる米国共産党員の身元調べの問い合わせを行っていた。

▲…パーベル・フィーチン

米国は大戦勃発時以来、国際電報の出入コピーの管理は行ってきたが、日独両国の暗号傍受・解読に忙殺されていたこともあって、ロシア語の暗号解読にまでは手が回ってはいなかった。このため、実際のところ、独ソ間で密かに和平交渉が行われているのかどうか、よくは分かってはいなかった。モスクワと各地のソ連外交出先機関との通信を傍受して、その動きを把握する目的で、米国陸軍は信号安全保障局（Signal Security Agency）を発足させた。それまで収集・蓄積されながら、解明作業が行われてはいなかったソ連の外交電報の解析を秘密裡に始めたのは、一九四三年二月一日のことである。

一九四七年七月、これらの外国勢力の活動に対抗するために、病死したローズベルトの後釜に座ったトルーマン大統領は、国家安全保障法に署名して国家安全保障委員会を創設、中央情報局（CIA）を発足させた。こうして、FBIとCIAの綿密な協力の下に、ソ連スパイ網がVENONA PROJECTによって暴かれていくことになった。だが、暗闇同様からの暗号解明作業は予想を遥かに超える難解なものだった。

家庭科の教師だった女性が解明の端緒

当初、この機関はバージニア州の女学校に本部が設置されていたため、アーリントンホールと呼ばれていた。ポトマック川をはさんだワシントンの対岸の地アーリントンには、国家に命を捧げた人たちが眠るアーリントン国立墓地が広がっている。また、このソ連の外交電報の解析作業はVENONA PROJECTと呼ばれた。VENONAという名の由来の説明はない。

この計画の作業に着手したのは、たった数週間前には家庭科の教師だった、信号情報安全保障局女性部員のジーン・グラビールだった。信号情報安全保障局は、現在の国家安全保障局（NSA）の前身である。彼女は、何とか暗号システム解明の鍵となる糸口が見出せないかと、まず膨大な電文の照合から始めたのである。

▲…アーリントン・ホール

▲…ジーン・グラビール

一九四三年秋になって彼女は、幾つかの暗号群を機械で読み取らせた際に、カードにタイプした一万もの暗号電文の中から、七本の電文が同じ暗号群で始まっていることを見つけた。ソ連側が同じ乱数表群を誤って使用していたのだ。そこで、全体では七五万通にもなる電文の精査を行ったところ、同様の過失がいくつも発見され、それが暗号システムの解明につながっていったのであ

▲…解読作業中。左端がメレディス・ガードナー

る。

当時、ソ連とは友好関係にあり、積極的に対ソ武器援助を行っていた米国ではあったが、ソ連の動きにはそれなりに神経を尖らせていた。ヒトラーのポーランド侵攻時には僅か一九名しかいなかった信号情報保安部隊は、一九四一年一二月の日本海軍の真珠湾攻撃後には、全米から語学専門家を集めて四〇〇名もの要員を有するに至った。一九四五年には、その数は一万名に増員されていた。その中には、戦後VENONA PROJECTに翻訳・分析責任者として参画したメレディス・ガードナーもいた。彼は日本語を含め数か国語に通じ、主として日独問題に取り組み、その能力が認められ、二七年にわたる勤務の間に、ソ連諜報暗号電報の分析を通して、ＫＧＢコードブック（電信暗号書）の再構築をするなど、多大な功績を挙げ、同時に解読成果を多数の研究発表にまとめ、本プロジェクトの主役となった。

余談だが、太平洋戦争末期に連合艦隊司令部が置かれていた日吉の地下壕で米海軍の情報傍受に従事していた米国生まれで慶大ＯＢの海軍中尉だった著者の上司にも、一九六五年のニューヨーク勤務中に情報部への参加打診があったほどである。ベトナム戦争開始間もなくのことであった。

●――工作の連絡に使われたソ連外交電報

蓋を開けてみると、本来は外交通信と目されていた、延べ約三〇〇〇通にもなるソ連外交電報の実体は、その通信先ごとに異なる、五種類もの暗号を利用したソ連諜報機関の連絡通信手段であることが判明したのであった（公表されたのは一九九五年七月）。

（イ）米国原爆開発（マンハッタン計画）進展状況の探知関連
（ロ）一九四二年と一九四三年のＫＧＢ＊ニューヨーク関連
（ハ）一九四四年と一九四五年のＫＧＢニューヨーク／ワシントン関連
（ニ）米国各地のＫＧＢ・ソ連陸軍ＧＲＵ（参謀本部諜報総局）・海軍ＧＲＵ
（ホ）外地からのＫＧＢ・ＧＲＵ関連入電関連
（ヘ）その他

これらの通信が行われていたのは、通信件数順では下記の五つの系統であった。

＊ＫＧＢが正式に発足したのは一九五四年三月のことだが、ＶＥＮＯＮＡ関連では原典・参考資料ではすべて、当時の機関である「ＮＫＶＤ」に代わり、「ＫＧＢ」と表記しているので本書もそれに従った。

（a）米国が貸与する武器の選定、出荷に当たるソ連の在米出先機関であるアムトルグ（AMTORG＝貿易会社。一九二四年、ニューヨークに設立されたソ連の貿易機関）とモスクワのソ連政府購買機関の間

（b）モスクワと各地の外交出先機関の間

（c）KGB本部とその在外出先機関の間

（d）陸軍（GRU）とその在外出先機関の間

（e）海軍（GRU）とその出先機関の間

●――マンハッタン計画にソ連の眼が

VENONA PROJECTが世間を驚かせたのは、一九九五年に最初に公表された四九本の文書だった。そこには米国の原子爆弾開発「マンハッタン計画」に潜り込んだソ連のスパイ活動が見えたのだった。具体的な対ソ通報者として、何とロバート・オッペンハイマー博士、エンリコ・フルミ博士ほか二名の、原爆開発の中枢にある著名な科学者の実名があげられた。この事実は直ちに、米ソ双方の特務機関により否認されたものの、これら科学者の関わりを巡っての論争は尽きない。

米国の核開発機密情報を盗み出すため、ソ連の諜報活動の総元締めだったスドプラトフ中将は、その回想録の中でこの辺の事情について述べている。だが、老齢となり、覚束なくなった記憶に依存した回想録の記述は、必ずしも信頼できるものとはいえない。またスターリンの死後、ベリヤと共に逮捕された際

には、彼は死刑を免れるために狂人を装ったこともあり、その信憑性《しんぴょう》に疑問を投げかけている。しかし、VENONA文書に現れた、マンハッタン計画を巡る対ソ協力者たちの活動にまつわる話は興味が尽きない。とりわけマッカーシズムと反ユダヤ主義の視点から論ぜられていたローゼンバーグ夫妻冤罪《えんざい》説が、VENONA情報に現れた具体的な記述によって現実的なスパイ事件と認識されるようになったため、夫のジュリアスがマンハッタン計画の一部をソ連に流していたことへの疑いが、少なくとも事実とされるようになったことは否定できない。

●——遅々として進まぬ暗号解読

一九三〇年代初めに、ゾルゲ諜報団が大連を中継基地として、東京—モスクワ間の情報のやりとりを常時行っていたように、当時のコミンテルンは通信手段として、短波通信を重用していた。だが、ニューヨーク—モスクワ間のように、遠距離間の通信には大型で強力な送信施設が必要であった。にもかかわらず、そのような施設を外交公館内に設置することには、元々無理があっただけではない。そのこと自体が米国では違法とされていたので、ソ連の外交出先機関は小規模の短波通信設備のみしか保有していなかった。だが、それも緊急時以外には実用に供されることはなかった。そうかと言って、外交行嚢《こうのう》や伝書使の利用は安全とはいえ時間がかかるために、当時もっぱら利用されていたのは、民間の国際電報だった。当然のことながら電文は解読困難な暗号で、保護されていた。

ソ連外交筋は、暗号化された通信文が外国の諜報機関に傍受・解読されたりする脆弱《ぜいじゃく》性を十分認識しながらも、ドイツ、日本、ひいてはコミンテルンが使用していたものよりも遥かに難解な暗号の使用に自信を持っていた。そのため巧妙な手法で暗号化されたこの電信の解読は、遅々として進まなかった。なぜならば、それは使い捨て暗号表を取り入れた二重構造になっていたためである。暗号は原文のロシア語をコードブックを使用して、各語を四桁の数字に置き換え、後続の四桁の数字の頭の一字を先行する四桁数字の末尾に繰り上げて五桁の数字群を作り、この数字群をさらに使い捨ての暗号表を用いて暗号化する、極めて手の込んだものであった。

暗号解読文を見ると、「……文字群解読不能（unrecovered）」とか「……文字群判読不能（unrecoverable）」となっている部分が極めて多く、文章としては読み取れないものだらけである。「解読不能」とは、電文の暗号数字群が揃っていれば読み取れるものが（切れていたりなどして）不揃いなために読み取れない部分である。「判読不能」とは、原文の数字への転換ミスなどが原因で、ロシア語風にすらなっておらず、全く解読の手掛かりのない部分である。結果的に、こういった部分が虫食い状態となるために、連続した筋の通った暗号文として読み取ることができなくなるのだ。しかも、その虫食い部分が電文例に見られるように厖大な量となると、せっかく入手した電文を解読しようとしても、その内容が計り知れない場合が多すぎるくらい多かった。

まず数字化された電文を暗号化された電文に復元し、その暗号電文をさらに平文とする作業が行われねばならなかった。次に暗号化されている人名・地名や固有名詞も、元の形に復元せねばならない。この作業には特殊とも言える才能を持った暗号解読専門家が根気よく取り組んだ。多数の通信文から類似した傾向のものを選び抜いたり、反復度からその共通点に糸口を見出したりした。また、文面に浮かび上がった人物を、それまでにＦＢＩが集めた容疑者の行動性向と照合したり、米国側に寝返った元ＫＧＢ、ＧＲＵ関係者の証言の裏を取ることも行われた。そういう作業を経て解読されたものから、どんな人物が関わっていたかが、掲載の電文例からだけでも実態が読み取られてくる。

●──暗号解読の糸口は元ソ連大物工作員から

だが、その「糸口」を辛抱強く手繰《たぐ》りだした末に、何とか解読の手がかりが得られ始め、その手がかりをさらに辿って、実際の電文中の一部が「語」となり、「句」となって見えてきたのは、ずっと後の、大戦も終わっていた一九四六年の後半のことであった。その時には解読作業を始める動機となった、スターリングラード攻防戦の最中に、欧州戦線の流れを変えかねない独ソ和平交渉が行われているという「噂」の存在自体が、もはや関心外となっていた。

▲…ホイテカー・チェンバース

ソ連暗号電報解読の「糸口」が辿れるようになったその直接のきっかけは、元ソ連工作員のホイテカー・チェンバースが、一九三九年九月に国務長官補バーリに漏らした、米国政府高官

▲…アルジャー・ヒス

の利敵行為告発情報だった。それら高官の中には、GRUに通じていたアルジャー・ヒスもいた。彼は、国務長官の上席補佐官として、ヤルタ会談にも立ち会った大物であり、一九四五年のサンフランシスコでの国連創設会議では議長さえ務めている。さらに財務省の高官だったハリー・D・ホワイトの関与もVENONA情報からも、またチェンバースやベントレーのような寝返り通報者の証言からも確認された。ホワイトはケインズ派経済学者であり、戦後の国際通貨体制確立の基礎となったブレトンウッズ協定の起案者でもあり、国際通貨基金（IMF）の創設にも、また世界銀行の創設にも関わった超大物である。

スターリンによる相次ぐ粛清が、次第に身の回りに及んで来たことに恐怖感を覚えたチェンバースにとって、独ソ不可侵条約の締結は我慢の限度を超えていた。それが祖国を捨てる最後の決断をさせる決定的要素とさえなったのである。身を賭して集めた情報が、敵とするナチス・ドイツの手中に陥る可能性に嫌気がさしたこともあるが、共産主義とファシズムが手を組むことにはどうにも我慢がならなかったからである。当初ローズベルト大統領も、FBIも、チェンバースの情報を軽く扱っていたが、後に彼の、下院非米活動委員会での証言が、米国を震撼させた。

因みにチェンバースは後に、タイムズ紙の上級編集委員を経て、米国の大物ジャーナリストの一人に数えられるようになり、その自伝『証人』（一九五二年）は The Intercollegiate Review（一九九九年秋季版）の「世紀のワースト／ベスト書五〇」中第三位に上げられているのみならず、元国防長官のシュレジンガーや元大統領レーガンの絶賛を得ている。

一方、一九四五年一一月に寝返った、アメリカ人女性で、ソ連の大物工作員のエリザベス・ベントレーは、米国政府内のみでも三七名を数えるソ連通報者の氏名を下院での証言で明らかにした。その証言はチェンバース情報とも合致していたことから、その信憑性が確認された。彼女自身の暗号名の一つである「GOOD GIRL」も、彼女がＦＢＩに伝えた通りにＶＥＮＯＮＡ情報に現れており、これによってそれまでの解読努力の正しさが証明された。

▲…エリザベス・ベントレー

フローレンス大学で学び、コロンビア大学で修士号を得ていた彼女は、ファシストの宣伝機関である在ニューヨーク市のイタリア情報室に勤務中、米国共産党に情報を提供し始めたのがきっかけとなり、後にトロツキー暗殺計画の加担者でもあり、ソ連諜報網を掌握していたジャコブ・ゴロスと結びつく。ゴロスの活動が難しくなった後に、その後を継いだ彼女は、その力量を認められ、ソ連諜報活動の中心的存在となっていたが、アメリカ人工作員の利用の仕方をめぐって閑職に追いやられた不満に酒癖が重なり、ＦＢＩに徐々にソ連スパイ網の情報を提供するようになっていったのである。

一九四六年七月には、電文の一部がメレディス・ガードナーにより解読され始めた。一九四四年八月にニューヨークのKGBからモスクワに送られた電文が「句」単位で読み取れたのだ。一二月に解読された二年前のモスクワ向け電文には、マンハッタン計画に従事している有力科学者名がリストアップされていたのである。さらに一九四七年五月初めには、一九四四年一二月発の電文に参謀本部内の何者かが極秘情報をソ連に提供していたことをガードナーが読み取った。こうしてアーリントン・ホールが送り出した解読情報に、危機を感じたG―2（米軍参謀第二部）のクラーク次長はFBI連絡調整官を招き、軍が米国内にはびこっているソ連の諜報活動網の解明に乗り出していることを伝えた。一九四八年一〇月にはFBIの特別捜査員、ロバート・ランピアが選任調整官としてVENONA PROJECTに参加し、英国からも選任情報部員が派遣されてきた。

▲…メレディス・ガードナー

▲…カーター・クラーク
▼…ロバート・ランピア

徐々に姿が見えて来たとはいえ、電文は一つのつながった文章として理解できない場合が多過ぎた。さらに暗号の性格や、鍵の変更や、文の短さからもアーリントン・ホールでの読解作業には電文の意味が通じない部分が余りにも多かった。ニューヨーク―モスクワ間のKGBのやり取りで読めたものは、一九四二年で一・八パー

セント、一九四三年で一五パーセント、一九四四年で四九パーセントだったと述べられている。

この難解な暗号解読に秘策はなく、全てはアーリントン・ホールで働いていた少数の頭脳優秀、かつ献身的な男女グループが長時間にわたり額に汗して地味な努力を続けた成果だった。一九四五年に軍諜報部がドイツ軍から回収した、一部焼け焦げた暗号解読書のコピーがＶＥＮＯＮＡ関連だと分かったのは、新たな手がかりが見つかった後の一九五三年のことだった。

●――VENONA情報に現れた暗号名

関係者保護のために、当然ながら電文には暗号名が使われていた。その暗号名の由来はさまざまだが次のように常識的な命名もなされていた。

暗号名	実名
KAPITAN	ローズベルト大統領
ANTENNA	ジュリアス・ローゼンバーグ
BABYLON	サンフランシスコ
ARSENAL	陸軍省
THE BANK	国務省

●——明かされた対ソ協力、米高官

解読されたVENONA情報には数多くの政府高官が登場していた。自国の国益を損なうような機密情報をソ連に流していた者たちである。財務次官で、国連の創設にも関わったハリー・ホワイトはKGBに対し、米国外交政策攪乱の秘策を授けていた。ローズベルト大統領の厚い信頼を受けていた私設顧問のラフリン・カリーは、KGBの主力米人工作員、グレゴリー・シルバーマスターにFBIの眼が注がれていたことを告げた。OSS（CIAの前身）の調査部長、モーリス・ハルペリンは何百ページもの米国機密外交電報を手渡していた。中でもショッキングな情報は政府直属の若き航空科学者、ウィリアム・パールに関するものだった。この若き技術者がソ連に漏らしたジェット機のテストや設計情報は、朝鮮戦争時に米国空軍のパイロットの目には信じられない光景として再現された。本来なら鎧袖一触のはずだった、中国や北朝鮮のパイロットが操るソ連機は、朝鮮の空にミグ15としてその姿を変えて出現し、米空軍のプロペラ機の周囲をあざ笑うが如く舞ったのみならず、F―86セーバー出現以前の米国のジェット機の性能を上回ってさえいたのである。

●──大統領も知らなかったVENONA PROJECT

VENONAが明かした秘密情報は、軍部最高首脳がFBIやCIAに図った上で、最高機密扱いとされたために、公開されるどころか、政府部内でもその存在を知る者はほとんどいなかった。オマール・ブラッドレー参謀総長は、トルーマン大統領にすらその存在を漏らしてはいなかったくらいである。ホワイトハウスからのリークを恐れていたためだ。トルーマン自身も、FBI長官のフーバーをあまり信用してはいなかったし、上がってくるソ連諜報機関の活動情報も政治目的を意識して拡張されているとさえ思っていたのでそれほど重視してはいなかったという。

VENONA PROJECTの存在が最高機密とされていたために、マンハッタン計画スパイ容疑で検挙されながらも無罪放免となった天才学者もいた。一八歳でハーバード大学を卒業し、一九歳でマンハッタン・プロジェクトに乞われ、参加したセオドア・ホールである。彼はロス・アラモスでの最年少科学者となった。その彼は休暇時に在ニューヨーク・ソ連領事館を訪れ、長崎型中性子原子爆弾「ファットマン」に関する製造技術の詳細を自発的に伝えていた。一九五一年に彼はFBIの

▲…オマール・ブラッドレー
▼…ハリー・トルーマン

尋問を受け、スパイ行為の追及を受けたが、法廷では無罪放免となっている。VENONA PROJECTの存在を、この事件のために表沙汰にするわけにはいかなかったからだ。

ホールは一九九七年に文書で、スパイ行為を認める告白ともいえるようなことを発表している。また一九九八年のCNNの取材時にも「一国を脅威の元として、世界にのさばらせてしまうような独占を認めるわけにはいかない、アメリカの独占を葬ることしかないのだ」と応じている。

▲…セオドア・ホール（右）とクラウス・フックス

一方、マンハッタン計画促進のために英国から派遣された一五名の科学者の一人であり、「同様」な研究に従事していながら、お互いにその存在を知ることのなかった、ドイツ系英人科学者で、長崎型原爆の原型の開発者となった、クラウス・フックスは「同様」なスパイ行為を、帰英後MI5の追及を受けて認め、またその事実もVENONA情報に確認されていたために、有罪となった。ユダヤ人である一家を迫害し、祖母、母、それに姉妹までも自殺に追いやったナチスの専横に報いるには「ソ連に協力するのが最善」と考えて、「スパイ」行為を行っていたのである。彼は、ナチスへの報復のために開発した原子爆弾が、思ってもいなかった日本に落とされたことを知り大なるショックを受けたという。

もしもVENONA情報の公開が行われていたならば、米国の歴史もまた異なっていたかもしれない。さらに、マッカーシー上院議員による「赤狩り旋風」の最中にアチソン国務長官や、マーシャル参謀総長ですらも追及の対象とされていたが、ＶＥＮＯＮＡ情報の内容が知られていたならば、この両人が通敵行為に関与していたようなことはなかったこともいち早く証明されていただろう。また、他の進歩的文化人やジャーナリストたちの政府批判の矛先も多少は鈍っていたに違いない。

6 VENONA PROJECTが明かしたトロツキー暗殺者奪還計画

取調室での暗殺者

トロツキーの頭上にピッケルを振り下ろしながら、その場で仕留め損なったラモン・メルカデルは、悲鳴を聞いて駆けつけた護衛たちに打ちのめされ、捕らえられ、そしてメキシコ当局に引き渡された。

だが、彼は最後まで身元を明かそうとはせず、「ジャック・モルナール」で押し通していたのである。一九四四年に指紋照合で身元が割れたのは、なんと逮捕されてから一〇年後の一九五〇年九月のことだった。一九四〇年に下されたメキシコ法廷での判決は殺人の罪で一九・五年、凶器隠匿携帯の罪で〇・五年、計二〇年（メキシコには死刑がなく二〇年が最高刑）の懲役だった。第一次襲撃の実行責任者で、ソ連のメキシコ政府に対する外交圧力から、国外追放のみで極刑を免れていたシケイロスの前例からみて、ラモンが予期していた判決とはまるで異なっていた。

裁判の様子が体系的に語られている記録や、著述は今のところ見当たらない。警察の取調べに対する応答が断片的に語られてはいるが、それらは全て、彼がどうやってメキシコに入ったかの足取りに関するものであり、また犯行の背景に関する推論であり、さらには第一次襲撃を含めラモンが果たした役割に関する話である。僅かに取調室での様子が知られる記述を、以下に紹介しておこう。

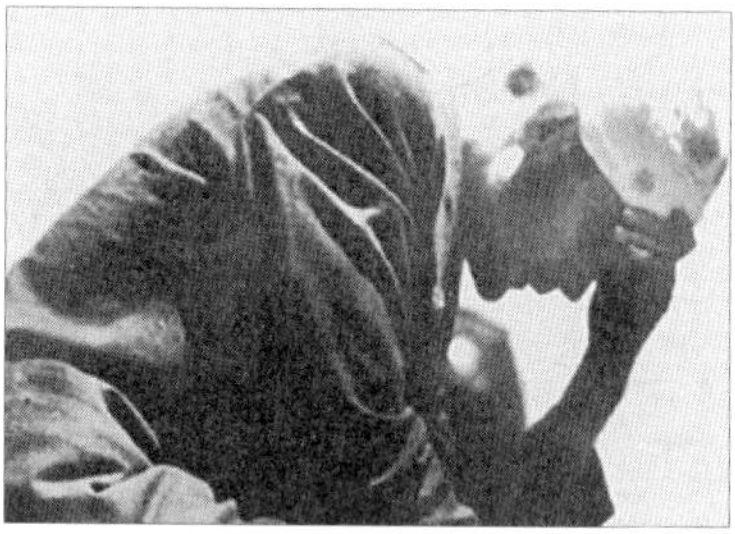
▲…逮捕後のラモン・メルカデル

襲撃後のジャクソンはくたくたに疲れ果て、衰弱しているように見えた。取調室に連行される際には足を引きずり、首をうなだれ、二人の守衛に身を支えられていた。尋問中には目を床に落とし、答える声も聞き取り難いほど弱々しかった。そしてスペイン語も、英語も堪能なくせに、フランス語でしか話そうとはしなかった。だが、彼を暗殺に追いやったのは、第四インターナショナルだったという話を追求された際には、彼は突然身構え、用心深くなったように見えた。椅子に座りなおし、芝居じみた仕草をした。時には、まるで突っかかる前に、自分を捕らえた者の値踏みをするかのように、包帯の巻かれた頭の下から敵意に満ちた眼差しで判事を睨みつけていた。

トロツキーの息子セドフが一九三八年二月に、盲腸炎で不可解な死を遂げたことに対するラウル・カランサ・イ・トルヒーヨ判事の予審での質問に、彼は躊躇し、言葉を選びながら、ふてくされた様子で「活字の上でしか知りませんよ」、「GPU（国家政治保安局、正式には一九二三年一一月から統合国家政治局＝O

GPUに改組され、一九三四年七月から内務人民委員部＝NKVDの一部になっている）が殺ったんじゃないですか！」、「そうですよ」、「GPUがセドフを殺ったのでしょう」と応じている。なぜそう応じたかはいろいろ解釈できよう。だが、応える前にちょっと躊躇したのは、嘘をつくべきか、またそうする必要があるだろうか、を判断する時間稼ぎであり、本当のことを話しても身に及ぶまいと判断したのだろう。常に嘘で固めた話をせねばならなかった身にとっては、自分には跳ね返りそうもないことで本当のことをしゃべれるのは、願ってもない好機だったようだ。

一九四三年に米軍通信情報部が始めた、ソ連外交電報解読作業であるVENONA PROJECTの対象となった暗号電報は、全体でほぼ三〇〇〇通に及ぶ。その内五七〇通が一九四三年にメキシコシティーに新設されたソ連大使館からモスクワに送られたものであり、モスクワからメキシコシティーに宛てられた電報も四〇〇通にもなる。全体の三分の一にも及ぶ第四公表と呼ばれる暗号電報の解析から見えてきたのは、トロツキーの暗殺直後から目論まれていたGNOME PROJECT（ノーム計画＝トロツキー暗殺者奪還計画）だった。ノーム（「地下に隠された宝物を守る地の精」の意）とは、暗殺実行者のラモン・メルカデルを指す暗号である。

●――「カティンの森」虐殺事件の真相を掴む

米国連邦捜査局（FBI）長官宛にロシア語の匿名投書が舞い込んだのは、一九四三年八月七日のことだった。そこには米国・カナダ・メキシコに駐在するソ連外交機関で、外交官の隠れ蓑を着て広範な工作活動を行っているソ連国家保安省幹部の名前が列挙されていた。その中にはラモン奪還計画で重要な役割を担った在ニューヨーク・ソ連領事館二等書記官パーベル・クラーリンと、在メキシコシティ・ソ連大使館一等書記官のレブ・タラソフの名前も挙がっていた。この密告を受けたFBIは当初その真偽性に大いに惑わされたものの、告発された外交官の動向調査から、彼らがソ連の工作員であろうことは素早く確認された。このことは後日のVENONA暗号文解析からも、その正しさが証明されている。

この密告がなされた動機は明らかである。匿名の密告者がKGBの在米責任者であるワシーリー・ザルービン（別名ズビーリン）に恨みを持っており、彼が犯してきた数々の悪行を告発してきたのだ。その悪行の中には、「カティンの森」で、二万五〇〇〇余人ものポーランド人捕虜を虐殺した事件への関与が含まれていた。

一九三九年九月、独・ソ両国のポーランド分割の際、行方不明になっていたポーランド軍将校・警察官・公務員・元地主らの捕虜の一部と見られる銃殺死体が四〇〇〇体余、スモレンスク近郊のグネズドボ村のカティン近くの森の中に埋められているのを、独ソ戦開始とともにソ連に侵攻したナチス・ドイツ軍が掘り起こした（最初の新聞報道は一九四三年四月一三日）。ナチス・ドイツは「国際赤十字」に調査を依頼し、ソ連が彼らを裁判なしで虐殺したとして非難した。いわゆる「カティンの森」虐殺事件である。ソ連及び赤軍はナチス・ドイツが下手人であると反論したが、スターリンが虐殺を命令し、当時のNKVD（内務人民委員部）長官ベリヤが命令書に署名したことが後に明らかにされた。ゴルバチョフが、NKVDの行為であったことを公式に認めたのは一九九〇年のことだった。

ドイツ軍の発表以外には、この事件の真相を知る術《すべ》がなかったFBIが、ザルービンの関与を確認できたのは、やはりVENONA暗号文の解析を根拠にしていたのである。ザルービンがモスクワに送った暗号文には、自分が敵国工作員の監視を受けているようだし、虐殺が行われたポーランドの捕虜収容所の一つに勤務していたことが知られているようだ、とザルービン自身が報告している箇所があったのだ。この密告者は同じ投書の中で、ザルービンはソ連を裏切っており、日本のために米国でスパイ活動を行っているとも述べていた。FBIがその裏切りを暴いた暁には、KGBのミロノフという偽装外交官の工作員が、間違いなくザルービンを処刑するだろうとも記している。ミロノフとは、ザルービンに恨みを抱いている愛国的なKGB工作員だ、とさえ伝えている。

FBIはこの密告者がソ連の不満分子であるとは思ったが、その正体は突き止められなかった。だが、パベル・スドプラトフの回想録『特殊任務』の三二二ページに、このミロノフについての記述がある。それによると、ザルービンの部下の一人で、在米ソ連大使館内でNKVD駐在官として働いていたミロノフ中佐がスターリン宛に、ザルービンが二重スパイである、と告発の手紙を書いた。ザルービン夫妻はモスクワに召還されて、六か月にわたる身辺調査の結果、白と判定された。ミロノフはワシントンから呼び戻されて、誹謗・中傷の罪で逮捕されたが、裁判では統合失調症であるのが分かった。彼は入院させられて、解任された。密告はザルービンが反逆者であり、日本のスパイであったという内容以外は正確であった。

●綿密に仕組まれた奪還計画

ＫＧＢの工作員たちが利用していた、米国やメキシコでの連絡文書の受け渡し場所に対するＦＢＩの目が意識されてから、ＫＧＢは伝書使を利用し始めた。ラモン奪還計画が確認されたのは、女性伝書使の一九四三年八月のメキシコ行きが契機となった。米国税関は、秘密文書が隠されていると思われたタイプ用紙の入った箱を彼女が出国する際に押収して、密かに暗号を解読した後に、彼女の帰国時にその箱を返還した。その暗号文全てがラモン・メルカデル奪還に関わっていることが判明した。彼女はその後もメキシコ行きを続け、ジェイコブ・エプスタインとの連絡役を果たしていた。エプスタインはラモン奪還計画の現地責任者である。その彼はトロツキー暗殺計画を現地で支援していた在メキシコＫＧＢの責任者である、ソ連大使館一等書記官のレブ・タラソフの指揮下にあった。また、この奪還計画の監督役として、在ニューヨーク・ソ連領事館の二等書記官のパーベル・クラーリンが、一九四三年一一月にメキシコに派遣されたのは、エプスタイン宛の書簡が先に解読されたのを知った彼が、現地で直接関与する必要を感じたためである。この全計画を本部から指揮していたのが、モスクワに舞い戻っていたエイチンゴンである。だがこういった事前の綿密な工作にも関わらず、肝心の奪還が行われることはなかった。

奪還計画が最初に具体的にＶＥＮＯＮＡ文書に現れるのは、一九四三年五月三〇日付第八一六／八一七号だが、長文ながら余りにも欠字の多さに内容がほとんど読み取れない。僅かに、現在エプスタインがやっていることは、彼の決定を延期することだとか、刑務所に知り合い二名を囚人を装って潜り込ませて、内部から奪還計画を見守らせているとか、奪還後のことだろうか、援護、護送、国外脱出の問題などの言葉が現れている。

奪還の実行が目前に迫っていたことが、タラソフ発ベリヤ宛の一九四三年一二月二三日付第一五八号電報の解読から知られる。VENONAの解読作業を感じ取っていただくために、この電文だけは以下に、暗号のまま、その翻訳を記しておこう。

ルカが接触した。病院での外科手術は四日以内に実施されるように計画されている。現段階では［原文一数字群解読不能］他の手段は不可能である。緊急用としてカピタンの金で二万ドルを遅滞無く送金乞う。貴［原文一数字群解読不能］を電信乞う。［原文二数字群解読不能］。

要するに、現地で直に奪還計画を指導するために現地入りした、暗号名ルカことクラーリン二等書記官が、実行部隊と接触した。ラモンは四日以内に、刑務所（病院）から解放（外科手術）される手はずである。その資金として、米ドル（カピタンの金）で二万ドルをすぐ送れ、ということである。「数字群」というのは、暗号化された原文が「数字群」で現されているからである。

その楽観的な見通しが甘かったことが、同じくタラソフがベリヤ宛に送った一九四三年一二月二九日付第一七四〜一七六号電報で、報告されている。たった一週間もたっていないのにである。計画ではラモンが刑務所から裁判所に送られる途次に襲撃して、ラモンを奪還することになっていた。裁判所までの道筋は九通りあるが、その内のどれを通って護送されていくかは、何人かの守衛を買収して聞きだしていた。

KGBはその道筋に、予め襲撃に当たる工作員を待ち伏せさせておき、通りかかった車列を襲うはずだったのだ。さらに奪還後はラモンを隠れ家に匿った後に、国外に連れ出そうとまでしていたのである。それが実行できなかったことを、タラソフは次のように報告している。

メキシコに着いたクラーリン二等書記官は……予め決められていた通りに、エプスタインやゴドイ（タクシー運転手で現地実行部隊長）の合意を得ようとしたが、何も結果は出なかった。エプスタインは何も聞いてはいないと述べた。我々はどうしてこんなことになっているか、その間の事情を懸命に調べている。

要するに、お互いに相手を十分理解していなかったことから、コミュニケーションがとれておらず、細かな打ち合わせができなかったし、ほかにも何かの不具合が生じていたのだろうが、それを伝える長文の暗号電報原文には、余りにも欠字や乱れが多くて、満足な解読は不可能である。

この失敗で、エプスタインがメキシコで果たすべき役割も少なくなり、実際、彼自身にも当局の目が以前にも増して強く光り始めていた。それればかりではない。ニューヨークで工作活動に従事していた彼の妻にも、監視の目が感じられるようになっていた。従って、これ以上彼をメキシコに留め置くことは、今後の計画遂行に妨げとなるとの判断で、五月には米国に戻された。計画そのものもエイチンゴンの指令によって、クラーリンは襲撃隊を解散している。だが、彼はその後長期にわたって、他の手段をいろいろ探ってみたものの、実を結んだものは一つもなかった。

容易にことが運ばなかったのは、現地で関与していた者同士に不信感があり、コミュニケーションがよく取れていなかったことにもよる。その上、タラソフからモスクワのフィーチン中将宛に出された一九四四年六月二九日付第五五三・五四号では、とんでもないことが報告されている。この暗号電報は欠字部分が比較的少ないので、できるだけ以下に忠実に再現してみよう。フィーチン中将とは、一九四〇年から一九四六年までKGB本部の外国本部長を勤めていた、スパイの総元締めのパベル・ミハイロビチ・フィーチンのことである。

●――奪還計画を食い物にしていた現地襲撃隊長

ラモン奪還作戦に関する報告第二号に引き続き、実行部隊長のゴドイに関して、以下を報告する。

予期していたことだが、我々が余分な仲立ちを排除しようとしていたこと、それにアントン（正体不明者）が実行者との連絡を直に取り仕切っているということを、ゴドイは不満に思っており、反対している。我々が到着してから、本計画への取り組みが一層熱心に行われるようになっており、指示も確かになっていることから、彼は引き続き指導的立場にいられないことや、金には容易にありつけなくなることを知った。下記のことからゴドイは結局、一発屋であり、盗人であることが露見した。未だ消えやらぬ機会を利用せんと、また、我々が彼の方策と平行して行っていることに疑念を有している彼は、この方策の持つ真の意味を探ろうとしており、また、次のようなことをしようとしている。

1．彼はモーターボートの修理のためと言って、一七〇〇ペソを要求した。

［一四数字群判読不能］

果たして船がそこに実在するのかを調査するために、ベラクルスに人を送ろうとしたが、彼は再艤装のためにホンジュラスにやってあると言った。だが、再艤装用の設備なら、ベラクルスの方が余程良いので、これは真っ赤な嘘である。

2．次に彼は看守をもう二人手なずけられそうだ、と知らせてきた。

［二六数字群判読不能］

一か月後に彼はそのために七五〇〇ペソを要求してきたが、そんなことをすれば直ちに疑われるからと言って断った。給料が一か月一五〇ペソの職にありつこうとしているような人間が、七五〇〇ペソもの賄賂を払えるわけがないからである。そこで彼は金額を三五〇〇ペソに引き下げ、我々がそれにも合意しなかった時に、僅か一五〇〇ペソを出してくれと言った。

3．一月には、彼はロレンソ編集人のグループ用だという二台目のトラック購入用に、数千、数千ですよ、数千ペソを我々から受け取った。最近のことだが、ロレンソは二台目のトラックなどは全く貰ってはいないし、一台目のことは彼がそう言っていることしか知らないと言ってきた。

4．そうしたら、ゴドイは自分が持っていた二台の車は壊れたなどと言いだした。我々は新車を買ってもっと信用を置ける人間に管理させたらと思い、それなら彼に、それを売るように命じたところ、彼はそんなことはできないと言いながらも、なぜできないかの説明はしなかった。ずっと以前に売り払ってしまったかのようだ。

5．彼はエプスタインの滞在書類手配用だと言って二五〇〇ペソを持っていった。そして何もしないで、古い書類を戻してきた。

彼の第二のやり口は、一層あくどい。

1．最近、クラーリン二等書記官のいるところで

〔四二数字群判読不能〕

……彼に対する監視も、しかも、それはトロツキストが行っていること、この仕事を立ち上げるのに、彼はもう五〇〇ペソを受け取ったこと、間もなく二人とも、監視は止んだこと、行っていたのは米国だったこと、を知らせてきた。だが、後にゴドイは、やっていたのはメキシコの警察だ、と言っていた。私は、その監視とはエプスタイン自身が頼んで、ゴドイが手配した護衛ではないかと思いたい。エプスタイン

〔三数字群解読不能〕

……そしてクラーリン二等書記官と夜間に会うことは……ではないかと感じたからではないか、と思われるからだ。

2．ここ二週間ほど、アントンは三人のメキシコ人が、自動車で不器用な監視をしているのに気がついた。ある時、彼はその一人に近づき、馬鹿にしたような話かけをした。その工作員は大いにまごつきながら、自分は何もしてはいない、とぶざまに取り繕った。アントンは、自分にまとわりついて

いる者と自動車を確認するために、車を一台自宅に回すようにゴドイに要求したところ、彼は何度も約束したくせに、そうはしなかった。

3．ゴドイは予定されていた会合に出てこないことが続いたので、アントンはある夜彼の家に出向いた。そこで彼は自分にまつわりついていた自動車を見つけたが、彼を見るやすぐさま消え去った。この後ゴドイはアントンに満足の行かぬ作り話をした。それは、彼の運転手はアントンを監視していた車の運転手が誰かを知っていたはずで、その運転手はプエブラという町の警察官だという趣旨の話だった。このことから、アントンを監視しているのは、トロツキストでも、米国でも、メキシコでもなく、以前に彼が言っていたように、誰しもが（カルデナス大統領が後継者に選んだ）マキシミロ・アビラ・カマチョの配下の者ではないかと結論づけたのであった。集団での押し入りや、路上での誘拐など、その向こう見ずなやり口で悪名高い連中だ。こういった話は、我々を脅すためのものだ。これらのことは全て、監視はゴドイ自身が仕組んでいることに間違いないことを納得させる。というのも、奪還計画の件は彼の手中からこぼれ落ちつつあるからだ。ゴドイの動機はたんに興味本位からなのか、または先の報告に述べたようにもっと深い理由からなのかを正確に決めつけようと努めている。

今のところ、後者だと思う唯一の要件は、次の通りである。

ゴドイはビセンテ・ロンバルド・トレダーノが発行している新聞の編集長であるアレッサンドロ・カリージョ・マロールの右腕である。自分はマロール宛の手紙で詳細に書いた

［一九数字群判読不能］

……は政治での金儲けならどんなことでもやる輩で、公然の隠れトロツキストである。トレダーノや、在ワシントン二等書記官のザルービンが不注意だったばかりに、マロールは我が不法滞在のキティ・ハリスの活動の中に組み込まれた。さらにゴドイはメキシコ共産党から除名された、当地の反対派の指導者と緊密なつながりを有している。このことから、彼は我々に敵対している分子に関係していたり、彼らの利益のために動いていることが考えられる。ゴドイは我が機関から信頼されているので厄介さが一層増している。近々本件が上部の手に移ること、及び新規の、暫時イゾブレテニー（身元不明者＝発明の意）と、チャパ医師から成る並行的な機関が立ち上げられ、スタートしたことから、彼自身の安全のために、我々が彼を一般的な政治関連諜報の仕事に切り替えると見せかけて、ゴドイを何とかする時が稼げた。

［三数字群解読不能］

状況に関する毎度の措置

タラソフ一等書記官

●――暗殺者の更なる奪還計画

更なる奪還計画の一つは、一九四四年三月二九日付タラソフ発ベリヤ宛電報二一八号に述べられている。イースターサンデー前日に当たる四月八日には、刑務所の監視が比較的緩やかになることに目をつけての奪還計画だ。新聞が二日間休刊となることも、有利に働くと見ての上だ。上級監視人を手なずけての脱出を、カイト（正体不明者）と検討してみたともある。ただ刑務所内におけるそのカイトの立場が弱くなりつつあることから、実行日を繰り上げざるを得ないとも記している。今一つはメキシコ司法省の役人であるロード（正体不明者）と相談しているが、表には出せない仕業を考えねばとなると、そう大きな期待は持てない、ともしている。両案とも結局実行されることはなく、クラーリンは五月二四日にメキシコから立ち去っている。

それでもすんなり諦めて、奪還計画を放棄したわけではない。一九四四年六月六日付第四七四号でフィーチン中将宛に送った長文電報で、タラソフは以下の状況を示している。

1．奪還作戦に対処するため、我々は倉庫（高等裁判所）のイゾブレテニー（正体不明者）を積極的に利用することになろう。この者は今まで隠れ家に住まわせていた一人でしかない。

2．イゾブレテニーは長い間、奪還作戦に関わってきた。エイチンゴンが着任する前でさえも、当地でこれと同じ方向

［一二二数字群判読不能］

3．イゾブレテニーは連邦州の知事、ローホ・ゴメスに極めて近い存在である。その男は

［五数字群解読不能］……

［一一数字群解読不能］……

ディレクトール（正体不明者）と

4．イゾブレテニー……

［一三数字群解読不能］……

ラモン、そして逃走のために実際車を乗り入れる計画を仕上げる。我々には高等裁判所とローホ・ゴメスの……がある。近い将来

［五数字群解読不能］、

アントンとイゾブレテニーは、ティエンポ誌のロレンソを通じて、グリセリン（正体不明者）やゴドイの預かり知らぬところで［五数字群解読不能］が成し遂げられよう。二人のことを知らない

［六数字群解読不能］……

［一二数字群判読不能］

（注：第五項は欠落している）

6．イゾブレテニーは、我々の方策を知らなかった

［七数字群解読不能］

彼を助けることを、突然思い留まらせたと言っている。このお蔭で

［一五数字群解読不能］

必要。

7．病院（刑務所）では、勤務医師のエスター・チャパがラモンに同情気味に治療を行った。同医師は今でも刑務所で働いている。彼女はこの地域での昔からの共産党員であり、有名な医師でもあり、細菌学者で、科学に関することでは、我が国の科学者たちと文化交流協会を通じて交流している。彼

女はおよそ四〇歳見当でロレンソの最初の妻であり、彼女の評価は高い。連絡には次のようなやり方も可能である：

［七六数字群解読不能］

この計画もまた実現はしていない。

●――メキシコに繰り出した暗殺者の母

囚われの身となったラモンの身を案じた母、カリダードは埒《らち》のあかないKGBの奪還計画とは別個に、メキシコ政府の高官や、影響力のある知人を頼って、息子の早期釈放が実現するように、現地に渡って個人的に働きかけ始めていた。モスクワ本部発メキシコシティー宛一九四五年三月九・一〇日付第一七二～一七四号では、その母に勝手に動き回ってもらっては計画全体がぶち壊しになるので、そうならないようにせよという趣旨の指令が出されていた。断片的な長文電報は、以下の通りである。

三部構成通信文

［第一部］

［四一文字群解読不能］
余所者《よそもの》
［三文字群解読不能］
［二八文字群判読不能］
……ラモン。彼女の安全のことも考えねばならなくなるだろうし、そうすると我々の仕事が面倒になる。今後貴殿が仕事をする上で、ラモンの母がメキシコにいると奪還計画が大いに面倒になることを心せよ。
［三八文字群解読不能］
奪還計画の遂行は最大の慎重さ、秘密、それに細かな気遣いを持ってしてのみ
［四文字群解読不能］
達成できよう
［四二文字群判読不能］
タラソフ一等書記官の離任に関連して貴殿が考えていること
［二二文字群解読不能］
ラモンは
［六二文字群解読不能］
全く新しい組織でのラモン
［四三文字群判読不能］

貴殿
［二文字群解読不能］
本作戦の政治上、また実践上に於ける局面。本件の政治的な面には、貴殿の現有の工作員や他の手段を使って……明るみに出すことも含まれねばならない。
［四一文字群判読不能］

［第二部］
本件の実践面には、ラモンが刑務所で日常的に行っていることや、活動を細かく調べ上げることや、先方の特殊工作員が彼にどんな監視を行っているか、また
［五文字群解読不能］
……している者たちを調べることが含まれる。
［二六文字群判読不能］
［七六文字群解読不能］
……法律面の書類審査を通る……、それは真正の、繰り返す真正の書類であっても行われる。彼はどの書類にも貼ってある写真から
［三文字群解読不能］
余りにも知られ過ぎている。彼をはずして
［三六文字群判読不能］

そして
［三四文字群解読不能］
ラモンをメキシコから
［三一文字群解読不能］
貴殿に指示と
［二四文字群解読不能］
最近ラモン
［六七文字群解読不能］
ゴドイは決して
［六一文字群解読不能］
彼がメキシコを出てモスクワに旅立つ［一文字群解読不能］ことに関して

［第三部］
［一四八文字群解読不能］
［一二文字群解読不能］
に従事するためのキューバへの旅……彼の個人的なことには干渉をするな、だが
［四二文字群判読不能］
作業、それも目につくような支援の手立ても無しに引き続き存在することは、仕事と彼自身を危険

に追い込むことになるので、我々はアントンの
［一文字群解読不能］
行為を認めない。彼に……だと説明せよ。
［四三文字群判読不能］
［一九文字群解読不能］
アントンに、そのような非……
［二二文字群解読不能］
［署名判読不能］

●在サンフランシスコKGBが内部告発

依然、何事も起こらず、ラモン・メルカデルはメキシコの刑務所で、二〇年の刑期を務め、正規に釈放されたのは一九六〇年のことである。ラモン奪還計画はたびたび報告されていたものの、そのつど実現に至らないどころか、計画を食い物にする者まで出て来た状態を見かねたサンフランシスコのＫＧＢから、一九四四年八月一〇日付第三二一・三二二号で、モスクワ宛に不満が寄せられていた。

二部構成通信文

［第一部］

参照番号三六〇二　モスクワ宛

電報でクラーリン二等書記官の手紙を送る。

タラソフ一等書記官が軽い気持ちで、ラモンの件に取りかかっているが、これでは彼が与えられた任務に対処する上で、何ら［一文字群文字化け］力を発揮することはない。彼と共に仕事をして来たが、本件には経験不足で、とても頼りになるとは思えない者の手中にあるとしか思えない。

［四三文字群解読不能］

それは彼や、またそのような者がやったことではないこと。

［四文字群解読不能］

タラソフは仕事を放り出して、二～三日ほど六〇マイルも離れた地方の山荘に車で行ってしまったので、私が緊急の件を協議しようとしてもできなくなった。彼は

［一四文字群解読不能］

に対し苛立ったような態度を取り、タラソフに接触することは直接禁じてあるのに、アントンはいつも彼と会っている。もしタラソフが外されても

［九文字群解読不能］

現在の仕事に後者を使えば可能になる。この手の方法

［七文字群解読不能］

彼は普段、定時の一〇~一五分前には大使館を退出している。指示不履行に対する私の所感は
[三文字群解読不能]
そういうことが行われているとは、承知していなかった。その後
[三文字群解読不能]
私がアントンを通してメルカデルが出て来ることを促進したその時から、アントン
[三文字群解読不能]
は私が本件に口を出すのを妨げようとした。
[五〇文字群解読不能]

[第二部]
ラモンが出て来ること、だが、タラソフは拒んだ
[二一文字群解読不能]
我々は本件が……ように願う
[一八文字群判読不能]
組織の一切の資源を彼の裁量下に置き、本件を現場で指揮するために実行者を。
[七文字群解読不能]
限りなく誤った考えであり、また危険な行為である。タラソフは豪華な暮らしをしている。一戸建ての家を借り、

［一文字群解読不能］の外に使用人を二人雇い、鸚鵡《おうむ》とかの家禽を飼っており［一〇文字群解読不能］疑念を呈した廉で理事を［三文字群解読不能］ニューヨークのエイチンゴンを無視して［三文字群解読不能］そしてそこで［二一文字群解読不能］のようなもの。不自然なほどに近い関係に、誰しもが戸惑っている。メキシコではその粗暴で、向こう見ずな振る舞いのゆえに、タラソフは部員のほとんど誰しもから反感を受けている。彼は意識的に在メキシコ大使に対立する構えを示しており、現状では彼としばしば衝突が起こっており、全部員に影響を及ぼしている。大使は私に、もしタラソフがこういった行為を改めなかったら、彼を放り出すようにさせる事態もやむなくなる、と我々のリーダーに伝えるように依頼した。私は、我々の仕事にかんがみ、タラソフに無責任なことを控えるように警告すべきだと思う。

二か月間連絡が途絶えていたので、報告提出が滞っていた。

第一七七号

八月一九日

在サンフランシスコ副領事

これでは計画の実現など、全くありえなかったのも不思議ではない。

7 ● 弟が語る暗殺者、兄ラモン・メルカデル像

●――スターリンもスターリンなら、トロツキーもトロツキー

トロツキーは死後何十年もの間、美しい心を持った進歩主義者であり、非の打ち所のない英雄とされてきた。彼は、人類平等の名の下に、罪もない人たちを犠牲にしてきたような、力が支配するような歴史を、もっと人間的な形に置き換えようとしてきた。すなわち、彼は犠牲者のより少ない、もっとよいやり方で、歴史を積み重ねるような類《たぐい》の主張をしたというものだ。だが、それは彼が実際やってきた事を差し置いての話だ。一九一九年、ボルガ川がカスピ海に注ぐ場所にあるアストラハン市の工員たちが権利獲得のためのストライキに立ち上がった際には、何の憐れみも示すことなく全滅させるように、と電報で命令し、殺戮が繰り広げられた。また、一九二一年夏にはボリシェビキの一党独裁反対を訴え、革命の成果を要求する水兵たちの、いわゆるクロンシュタットの反乱の弾圧を支持していたのだ、と数少ないトロツキー批判記事は訴えている。

また、トロツキーの死亡直後の一九四〇年八月二十二日、アレクサンドル・フョードロビチ・ケレンスキー（一八八一～一九七〇年）は、亡命先のニューヨークで記者会見をしている。一九一七年一〇月、ロシア臨時政府首相の座にあった彼は、ペトログラード・ソビエト議長・革命軍事委員会議長トロツキーが命ずる、臨時政府が置かれた冬宮に対する軍事行動によって、文字通り、叩き出された当人である。彼はトロツキーの死について、次のように述べた、と『ワシントン・イブニング・スター』紙は伝えている。

「ボリシェビキのテロリストの中でも、容赦のなさでは比類のないテロリストが、自らが押し進めてきたやり方と同じ仕方で殺された。トロツキーはレーニンと組んで、自らが始めた秘密警察の犠牲者となった。彼自身が政府によるテロ行為の信奉者であった」と。かつて、ケレンスキーを除く「二月革命」のロシア臨時政府閣僚全員が、トロツキー率いる赤軍に逮捕され、処刑されてしまっていたのである。

　さらに、「暗殺されたトロツキーについて書かれた、多くの本や新聞雑誌のほとんどが目的としているのは、トロツキーは天使のような善人であり、他方、彼の暗殺に携わった実行者たちや命令したスターリンは卑劣な人物だと証明することである。当然ながら少なからぬ著者は、トロツキーの信奉者であった。トロツキーの信奉者、スターリンの信奉者のどちらも同じように偏狭で、狂信的であった。トロツキーも数え切れない殺戮の責任者だった。スターリンがまだ何者でもなかったとき、トロツキーは強制収容所の推進者だったのである。その様子は、ソルジェニーツィンの『収容所群島』に語られている。またトロツキーは、党は労働者階級が所有する唯一の道具であると述べながら、死刑宣告に署名していた」との記事もある。

●——ラモンの弟、ルイスの回想

スペイン国営放送が、ラモン・メルカデルの生涯を記録するドキュメンタリー番組を製作するために、弟のルイス・メルカデル（ラモンとは異父兄弟）の所在を何とか探し出して聞き取りにかかったのは、一九八九年七月のことだった。だが、その間、トロツキーの暗殺を仕掛けた側が情報の漏洩《ろうえい》を阻止しようとするために、予期せぬ襲撃に見舞われる危険や、企画そのものの妨害を避けなければならなかったので、弟からの聞き取りが終わったのは、翌年の四月のことだった。その聞き取りから作成された記録には、それまでに知られていなかった事実や、伝えられていた諸々の情報を覆す内容が、初めて身内の口から洩れ伝えられたのである。

以下、この記録に従って、トロツキーの暗殺者、ラモン・メルカデル及びこの事件に関わる別の一面を紹介してみたい。詳細は元NHKディレクターの、亡き片島紀男著『トロツキーの挽歌』（同時代社、二〇〇七年）を参照されたい。

ルイスは冒頭「本書を公刊する目的は主に次の二点である。まず、我が兄ハイメ・ラモン・メルカデル・デル・リオを客観的に記録する一助とするため、そしてラモンだけではなく私の母についてこれまでに公にされてきた途方もない量の虚偽や、誤謬を訂正するためである」と述べている。

ラモンの母カリダードの夫、ドン・パブロ・メルカデル・マリーナの一族は、大きな織物工場を経営しており、彼の先祖はかつてバルセロナのほとんどの土地を所有していたという。裕福な家庭育ちのカリダードは高等教育を受け、貴族階級とも通じていた。祖父はキューバの奴隷解放の先駆者として称えられており、祖母もキューバ独立運動の戦いに協力していたという。それだけではない。一家はラム酒で有名なバカルディ一族とも親戚だったともいわれている。こういった背景を持つカリダードが、後にキューバのカストロ政府から厚遇される経緯も明らかになってくる。ラモンはフィデル・カストロを知っていたし、KGBは資金や色々な面でカストロのグループを支援していたと話していた。

●―弟に語ったトロツキー暗殺事件の内幕

トロツキー暗殺を現地で指導したエイチンゴンが、妻のいることを隠してカリダードと恋人関係にあり、彼の協力者、共犯者であったとの説については「二人は任務上ボスと部下の関係にあったまでで、それ以上ではなかった」とルイスは反論している。ラモンもカリダードもエイチンゴンのあらゆる面での能力や、勇気や意志力を絶賛していたとも述べている。

また、ルイスはソ連生活が長く、ベリヤとも個人的に知り合いになり、スドプラトフともよく会っていた。彼はあらゆる準備作業を指揮する責任者だったし、エイチンゴンとはとても仲の良い友人だった。ルイスもカリダードも、スドプラトフとは家族付き合いをしていたという。このように、ラモン、ルイスの兄弟にとってスドプラトフは気さくで親切な上司であり、エイチンゴンは家族同様の親しい友人だった。

トロツキー襲撃作戦を全面的に指揮していたのはエイチンゴンであり、ラモンに割り当てられた主要な任務は、トロツキーの周辺で企てられていることに関して、ソ連政府に情報を提供することであった。トロツキー暗殺の目的でメキシコへ派遣されたのではない。ヒトラーがフランス、ノルウェーを占領後、デンマーク、オランダ、ベルギーを侵攻し、その後ソ連に侵入してきた時、トロツキーはメキシコのドイツ領事と交渉していた。トロツキーが住んでいた要塞、二七人のボディーガード、それらの武装のための膨大な金すべては、ドイツ領事が提供していたのである。毎週木曜日にやって来るドイツ領事とトロツキーが、側近以外は要塞から退去させて、二人して何やら計画を企てていることをモスクワに報告したところ、モスクワからは暗殺命令が届いたのであった。暗殺の原因が、トロツキーとスターリンの個人的な怨恨であるという説は馬鹿げている。そのころ、トロツキーがかつて有していたような信頼は、すでに失われていた。われわれはただ、彼が馬鹿げたことや、汚い仕事をしないように見張っていただけだ。トロツキー殺害の役回りはシケイロスに託された。シケイロス一派による襲撃が失敗した後、スターリンから暗殺命令を受けていたコトフ（エイチンゴンの偽名）は、命令実行のためにトロツキーたちが住む「小要塞」の空爆まで画策していたが、その計画は実行するにはあまりにも複雑であり、リスク、コストも少なくはなかった。暗殺命令を遂行できなければ生きてソ連には戻れないコトフの絶望的な様子を見て、ラモンは自分がやるからと言って要塞に入り込んだのだ。

米国で公開されていて、ソ連の検閲のフィルターがかかっていないさまざまな資料に基づいて、スターリンの恐怖政治を描いた、ロバート・コンクエストの、『The Great Terror』（邦訳『スターリンの恐怖政治、上・下』三一書房、一九七六年）にも、トロツキーはドイツ諜報機関との関係を保っていたと述べられている。次は、ラモンの語ったことを裏付けるような話である。ラモンの話の真実性は、暗殺は余りできのよい仕事ではなかったことからも例証される。巷間いわれているように殺害の訓練を受けていたら、もっとうまくやり遂げていたであろう。

「そんなに簡単に侵入できたのに、なぜ脱出できなかったのか?」との問いに、ラモンは「自分は一度も人を殺したことはない。やりかたすら知らなかった」と答えている。

ラモンは、母がOGPU(正確にはNKVD)に人質として押さえられていたために、殺らざるを得なかったとか、母に強いられての上だったと申し立てた、という話もまったくのでたらめである。トロツキーの「小要塞」の戸口から一〇〇メートル離れたところで、母とエイチンゴンは車を止めて、ラモンが無事に事を終えて出てくるものと確信して待っていた。不調に終わったことを知った両名は、急遽米国へ向かい、母はカリフォルニアからウラジオストク行きのソ連船で太平洋を渡り、シベリア経由でモスクワに向かった。何週間もかかった旅のお蔭で、「カリダードは体重八六キロのとても体格のよい女性になり、その外見はとても印象的だった」。だが、エイチンゴンの足取りは掴めてはいない。

●――知られていた暗殺者の素性

二〇年の刑を終えたラモンが出所する際にも、公式の釈放命令書には「ジャック・モルナール・バンデンドレッシュ、またの名フランク・ジャクソン」とあり、本名は記されてはいなかった。後に本名が明かされたのは、ラモンがスペイン内戦従軍中アラゴン戦線で受けた右腕にある傷跡が確認されたからとか、カタルーニャ人でなければ記憶の底にとどめてはいない、同地方の子守唄を夢の中で唄っていたからスペイン人であるとか、バレンシアの監獄で指紋が確認されたからとかいろいろな説がある。だが、この種の話を信用するわけにはいかない。彼がスペイン人だったことは公然の秘密であったし、少しでも事情に明るい人なら、襲撃直後から襲撃者が誰であるかは正確に分かっていた。

刑務所内で完璧なスペイン語を話し、誰しもがラモンと呼んでいた人物が、メルカデルであることは皆が知っていた。ラモンは刑務所の人たちとの間に、大変に誠意ある人間関係を築いていたのである。所内の技術作業のほとんど全般を指導していたのは、三五〇ドルという巨額な収入を得ていたうえに居間、寝室付きの「独房」を与えられ、女性の面会者の出入りも自由なラモンだった。

暗殺者の奪還を図っていたNKVD

ソ連はラモンを見捨ててはいなかった。最大限の配慮を払い、彼を刑務所から救出するのにできる限りのことを行った。彼のため総額約五〇〇万ドルという巨費が投ぜられていたという。一九四一年六月、独ソ戦の開始とともに、スペイン人志願兵を指導していたカリダードは、刑務所でのラモンの状況を思い煩うあまり、ストレスを溜め込んでいた。刑務所に収監された息子を救出しようにも、自分には何もできないと考えることに耐え切れなくなり、ヒステリーと衰弱状態の中でメキシコに渡り、有力なメキシコ当局者や重要人物と知り合いになり、一人一人に釈放を懇願して回ったようだ。

そのころNKVDはラモンを合法的に出所させることではなく、一種の逃亡計画を企てていた。従って、誰かが介入してこの計画を失敗させることは、どうしても防がねばならなかった。交通事故を装ってまで彼女を排除しようと目論み、結局、危険を察知して怯えた彼女はフランスに渡り、再びメキシコの地を踏むことはなかった。しかし、母がやってきて大騒ぎになり、逃亡計画はご破算になってしまった。「あのせいで、一七年も刑務所で暮らす羽目になったのだ。母がぶち壊さなかったら、一九四四年には、刑務所から脱出できていたはずだった」と、後にラモンは語っていた。ラモンによると、そのころ四年後に刑務所から脱出するため、あらゆる準備がなされていた。

●厚遇されたラモン、無視されたゾルゲ

一九五〇年五月六日に自由の身になったラモンは、キューバに行き、更にバルト三国の一つ、ラトビア共和国の首都リガからモスクワに入った。最初、彼は景観のとても素晴らしい、特権階級が住むゴーリキー公園に面した快適な新築の建物の一室が与えられた。だが、次に地下鉄のソーコル駅近くに四部屋の家具なしのアパートが提供された。メルカデルは退役少将と等しい月額四〇〇ルーブルの年金を支給された。一九六一年にはソ連邦英雄勲章を授与され、マラホフスカの休暇用別荘を使用することも認められた。外国人の受賞者は彼を含め二一人しかいなかった。「ソ連邦英雄の星章」をつけているラモンは、皆から賞賛の眼で迎えられ、物不足のソ連時代にあって、行列なしでは入手不可能な、どんなものでも入手

できた。ソ連ではトロツキー襲撃は常に英雄的行為とみなされてきた。KGBの新しい本部の前には、ラモン・ペレスという名称で、彼の名もソ連におけるすべての英雄の名前と共に大理石の銘版の上に金色に彫られている。ラモンはメキシコの獄中時代、監房に食事を運んだ先住民族系女性のラケル・メンドーサと結婚をして、ソ連に同伴して来ていた。ロシア語のできない二人は、なかなかロシア人社会に溶け込めなかった。ラケルはモスクワ放送局のスペイン語アナウンサーとして働いた。一九六三年、二人は父親がラモンの友人であったスペイン人亡命者の遺児、一一歳の男の子アルトゥールと、生後六か月の女の子ローラを養子に迎えた。

弟ルイスには高額な奨学金が交付されていたし、母カリダードが第二次大戦中モスクワに滞在していたときには、結構なアパートが与えられていた。カリダードは一九七五年にパリで亡くなっている。八二歳で死ぬまで、年金も支給されており、葬式の費用も墓石の代金もソ連持ちだった。

これに引き換え、リヒャルト・ゾルゲは日・独双方の国家機密に関する決定的な情報をそのつど本国ソ連に通報してきたが、スターリンはその情報を信用しようとはしなかった。そればかりではない。そういった情報をもたらしたゾルゲに二重スパイの疑いさえかけていたのである。スターリンにもたらされた情報は、一九三六年の日独防共協定関連であり、ナチス・ドイツによる一九四一年のソ連奇襲攻撃「バルバロッサ作戦」の予告だった。だが、スターリンはナチス・ドイツ軍の侵攻の可能性を信ぜず、適切な対策を採ろうとはしなかった。とりわけ日本軍の南進計画報告に基づき、ジューコフ将軍が関東軍と対峙させていたシベリア軍団を移送させて、モスクワ郊外にまで迫っていた独軍を撃退させるにいたった情報は、第二次世界大戦の転機をもたらしたほどの功績だったのだが……。

このような立派な手柄があったにもかかわらず、ソ連政府はゾルゲ逮捕時にその存在すら認めようとはしなかった。ゾルゲは自分の身柄を引き取ってくれるものと祖国を信じていたものの、日本側との外交交渉での三度にも及ぶ捕虜交換要求にも、結局ソ連政府は応じようとはしなかった。ゾルゲの妻エカテリーナ・アレクサンドロブナ・マクシーモワ（愛称カーチャ）も逮捕されて、強制収容所に送られたのち、死んでいた。

▲…ゲオルギー・ジューコフ

ゾルゲに、ソ連英雄勲章が与えられ名誉が回復されたのは、ゾルゲの死後二〇年、スターリンの死後一一年を経た一九六四年一一月五日のことだった。それも一九六一年にフランス人イブ・シアンピ監督が製作した日仏合作映画『Qui êtes-vous, Monsieur Sorge?（Who Are You, Mr. Sorge?「スパイ・ゾルゲ真珠湾前夜」）』を観て感激したフルシチョフ首相が真相の調査を命令したためと語られている。巨大な銅像がモスクワ市内に建てられ、その名は道路にも、建造されたタンカーにさえも冠され、その栄誉が称えられた。一九六五年には彼の肖像が描かれた四コペイカ切手が発行されている。その記念切手には、緋色の背景にゾルゲの顔が浮かび上がり、脇にはソ連英雄勲章も描かれている。今では東京都営多磨霊園の彼の墓に、命日には在日ロシア大使館の配慮で花が飾られ、駐日ロシア大使も墓参をするのが慣例となっているそうである。ゾルゲ研究では知られた、日露歴史研究センターの会員も毎年、打ち揃って墓参の傍ら研究の成果の発表を行っている。

余談になるが、ＫＧＢで働いている者はすべて、選りすぐりで、責任感が強く、ほとんど自分の素性を喋ることはない。自分のことが知られない方がよい、と考えているからだ。ラモンとの会話の際に、エイチンゴンはフランスで出版されたゾルゲ関連の本に触れて、ラモンにこう言った。「KGBが使っていた方法については、なるべく知られない方がよい。仕事を続ける上で、その方が容易だし、好都合である。かなり昔のことでもだ。何か公表されれば、秘密のネットワーク、仕事の方法などが暴露されてしまう」

ロシア語が不自由のうえ、弟ルイスの勧めもあってキューバでの生活を希望していたラモンは、カストロ首相に手紙を出して受け入れの返事をもらった。しかし、KGBからは出国の許可はなかなか下りなかった。そこで、とりあえず妻と子供たちをハバナに先行させた。

不可解なラモンの体調不良

一人住まいをしていたラモンを、ルイスが一九七四年五月二二日に久しぶりに訪ねた。現れたラモンは激しい痛みを堪えているようであり、憔悴しきっていた。救急車で運ばれた先の医師は、左の肺は溢れ出た血が充満して塞がっているので、その除去の手術が必要だと告げた。だが、癌の疑いがあったので、あらゆるタイプの分析と生体検査が行われたが、癌性腫瘍は一つも見つからなかった。

ある日病状が落ち着いたラモンを訪れたエイチンゴンは、その帰途、ラモンに「何が起こったのか、医師は何と言っているのか」、とルイスに訊ねた。そしてエイチンゴンは、疑いの目つきをしながら「実際に彼に何があったのかを調べろ。何かが起きたのだ。毒を盛られたのではないのか」と言った。エイチンゴンはソ連やＫＧＢのやり方を熟知しているので、彼がそう言うなら、疑いは本当である可能性が高かった。

これに先立つ五月九日の対独戦勝記念日の祝賀会で、ラモンは「戦勝を記念して——ソ連の英雄ラモン・ロペスへ」と刻まれた金時計を贈られていた。三か月ほどの入院後、七月には体調が回復した。だが、平衡機能障害など若干の後遺症は残ってはいた。八月にはＫＧＢの出国許可が出て、ラモンは念願のハバナに渡り、家族と再会した。彼はカストロ首相の個人的な客として厚遇され、豪邸に住み、連れて行ったロシアの猟犬ボルゾイと共に、快適な暮らしをしていた。肉体的にも精神的にも回復したので、二〇年間投獄された経験を生かして、現地の刑務所収監者の生活改善に努めることになった（小倉英敬著『メキシコ時代のトロツキー』新泉社、二〇〇七年、三四七～三四八ページ参照）。だが、午後になると毎日のように熱が出て、彼はそれを「蝕む虫」と呼ぶようになっていた。じっとしてはいられない性格の彼は自ら求め、与えられていたキューバ内務省内での特命業務の顧問として働いていた。だが、毎日の発熱のために、その仕事を含め、医師から四時間以上働くことを禁じられていた。それでも彼は、医師の言うままに「単なる肺の病気だった」と言っており、少なくも表向きは、癌であることを知らなかった。一九七七年一〇月、ロシア革命六〇周年記念集会にソ連政府から公式招待を受けたラモンは、ルイスがスペインに戻れるよう、ブレジネフ共産党書記長と直談判するなど幹部、高官との交流の機会を持っていた。

●――KGBに消された？・ラモン

一九七八年七月に入ってハバナに戻ったラモンが、死に瀕しているというKGBからの連絡があり、ルイスは急いでハバナに飛んだ。ラモンが、ゼンマイを巻くために目覚まし時計を左手で取ったところ、肘と鎖骨の間の腕が折れた。切開すると腐っている骨が現れ、骨癌であることが分かった。エイチンゴンが表明していた疑惑を拭い去れないでいたルイスは、左腕の「腐った骨」は一九七四年五月九日（対独戦勝記念日）に贈られ、ラモンがいつも左腕にしていた金時計のためではないか、と疑惑を持った。ラモンの病状は日毎に悪くなって行った。医師たちは激痛を伴う癌で苦しまないように、定期的に足の裏に注射をしていると説明した。自分が死にかけていることが分かってはいないようだったラモンは、ルイスと一緒に自分もスペインに戻りたいと言っていたが、一九七八年一〇月一五日に亡くなってしまった。

ルイスは『私の兄ラモン・メルカデル』の「追補」で、次のように書き加えている。

「一九九〇年六月一〇日付のモスクワ新報に載った、エイチンゴンとスドプラトフに関する記事を見つけた。暗殺命令は、ベリヤ、メルクーロフ、そしてコブロフによる別の重大で非人道的な犯罪を明るみに出した。その犯罪とは、生きた人間を使っての人体実験という犯罪である。内務省長官だったブロジンの証言によれば、『……秘密裏に暗殺を実行するため、そこでは死刑囚を使ってさまざまな有毒物質を食事に混入させたり、注射で人体に注入しながら、彼らを《最終処分》していた。……指令はベリヤ、メルクーロフ、そしてスドプラトフから受け取った。……指令を受け取ると、スドプラトフ、エイチンゴン、あるいはフィリモーノフが死ぬべき人物を同伴し、私と秘密アパートで会合を持った』……」

●――エイチンゴンが仄《ほの》めかしたラモン毒殺疑惑

ルイスは言う、「私は何も実証はできないが、ラモンの病気の状態とエイチンゴンが仄めかしていた疑惑、そしてエイチンゴン自身が過去に毒薬投与の経験を持っていたことは、関連がないのだろうか」と。ラモンは本当に毒殺されたのだろうか？　体制の責任者にとって都合の悪い証人や、敵を殺すために執行部が使う最も不吉なテクニックをエイチンゴンは直接知っており、鉄のような健康の持ち主だったラモンが、金時計を贈られた数日後に、重病になったのは偶然だったのだろうか？　彼の肺から抜き出した何リットルもの水から一つの癌細胞も見つけられなかったのは、なぜだろうか？　鎖骨や左腕の骨の一つが折れるまで、なぜ骨癌だと分からなかったのだろうか？　知っていたなら、なぜそのことを家族に知らさないでいたのだろうか？　トロツキー襲撃工作の責任者はエイチンゴンで、実行者はスペイン人だったということを、一九五四年に初めて明かした、といわれている西ドイツで脱走したＫＧＢの元職員ニコライ・ホフロフ大尉は、『自叙伝』のあとがきで、「ＫＧＢが自分に放射性タリウムを入れた飲み物を飲ませた」と、書いている（Khokhlov, Nikolai E.,In the Name of Conscience. Nework:Mckay,1960)。

彼を治療に来た米・独の医師たちは、ホフロフの「中毒」症状が、この種の放射線を過度に被爆した患者たちの症状と対応していることに、全くの偶然から気付いたという。ＫＧＢは人体にタリウムの痕跡を一切残さない形で人を殺害する処方箋を発見していたのである。「ラモンの病気が金時計から出ているある種の放射性物質と関係しているのではないかという疑問を示唆しておく」と、ルイスは同書の「追補」をしめ括っている。何か、髪が抜け落ち、神経、免疫系にダメージを受けるなど、毒を盛られたと見られる症状を示していた。チェチェン紛争絡みで、亡命していたロンドンで死亡した、FSB（旧KGB）のスパイだったリトビネンコ中佐のボロニウム二一〇を盛られての死亡疑惑を思わせるような事件である。

KGBがルイスに約束した通り、ラモンの埋葬はモスクワで執り行われた。軍の音楽隊がソ連国歌を奏し、彼の栄誉を称えて礼砲が響き渡った。ラモンの遺骨は有名なクンツェボ墓地に埋葬されている。

一九八七年になってからのことだったが、KGBは「ソ連の英雄ラモン・ロペス」と刻んだバラ色の花崗岩製の石碑を建てた。だが、その墓標にはロペス・R・I（ラモン・イワノビチ）とある。ラモンの墓から少し離れた場所に、ソ連に尽くしたスーパースパイのイギリス人、キム・フィルビーの亡骸が埋葬されている。

8●トロツキーの動向と暗殺の背後を追っていたＦＢＩ

●――米国に潜入していた？トロツキー

ＦＢＩが公開している膨大な報告書ファイル65-29162号には、九一一点ものトロツキー関連情報が含まれている。以下、同ファイルに収められている興味ある情報を拾ってみる。ＦＢＩがなぜそのような情報に関心を寄せていたかも、ファイル中の書簡に明記されている。トロツキーの暗殺事件そのものに対する関心からではなく、この事件の解明を通して、事件に関わっていたＯＧＰＵの組織及び米国内での活動状況の把握、並びに米国共産党の活動封じ込めに資するためのものであった。

その始まりは、一九三四年年六月二〇日付の、在ニューヨークの特別捜査官の報告である。トロツキーがニューヨーク市または対岸のニュージャージー州に住んでいるという、第三者情報をもたらした海軍諜報部員との面接報告だ。その情報が正しければ、当時パリに亡命していたはずのトロツキーが密かに米国に潜入していたことになる。同諜報部員は、ニューヨーク市警の捜査官にもこの情報を伝えたとこ

▲…ジョン・エドガー・フーバー

ろ、同捜査官もすでに同様な情報を別の筋からも得ていたと言われた、と述べている。

同諜報部員の話ではひげを剃って変装したトロツキーがカナダに入り、その後空路米国に入国しているというのだ。いかにもありそうな話である。この情報は極秘扱いで司法省捜査部にも伝えられている、と諜報部員は述べていた。

この情報を基にしてFBIフーバー長官は、七月二二日付書信でキーナン司法長官補に、同じ内容の報告をしている。だが、その際、FBIはその関連では何らの行動も起こしてはいない、と告げている。さらに、七月一四日には、同司法長官補から通報を受けたマッコーマック移民局長官は、「トロツキーが潜入しているとは初耳だが、情報の確認調査には協力するように現地に指示をした」、と答えている。情報の性格もあるが、関係三機関ともトップクラスが直接管轄し、迅速に対応の指示を出していることは注目に値する。

また、同年九月二四日付フーバーFBI長官発、司法次官補宛メモは「九月一三日付のG－2情報では、ロスチャイルド男爵の随員として、最近トロツキーがサンフランシスコ港に入ったという。彼はただ織物工場ストライキの指導を行うためのみの目的で、現在ニュージャージーにいる。検討、判断のために本情報を貴省に回しておいたことを、陸軍省に伝えておく。当部では本情報に関し行動は起こしてはいない」とも記している。いかにトロツキーの影響力が評価されていたか、また、いかにその動向に気を使っていたかがうかがわれる。

一方、一九三五年一月三日付FBI内部連絡便には、近頃ニューヨークで、各大学の学生たちの容共デモを仕組んでいたのは、現在同市に住んでいると思われる反スターリンのトロツキーであろう、という市井の婦人の投書に対して、「当部局はトロツキーには関心を有してはいない」と答えておいた、とあっさり述べている。そのかたわらFBIは、一月一〇日付の「トロツキー依然パリに亡命中」という見出しを掲げた新聞記事をファイルしていることからも、トロツキーの動向にはやはりそれなりに関心を寄せていたことがよくわかる。

●──トロツキー、ディース委員会での証言に同意

しかし、トロツキー自身は米国入りをして、そこでスターリンの非を訴えたがっていたことは間違いない。そのことはいわゆるディース委員会に出席し、証言を行うことに同意していたことからもうかがわれる。

この委員会は、その後の非米活動調査委員会のさきがけであり、一九三九年末の当時、米国共産党の抑圧を要求していたものである。トロツキーはこの委員会の場を利用して、自分らの命を狙うNKVDの活動を暴こうとしていたのだが、それと同時に、政府の米国共産党抑圧政策にははっきり反対であることを表明し、世界大戦を世界革命に転じようというプロパガンダの場にもしようとしていたのである。これでは同委員会が彼を受け入れるはずもなく、米国ビザの取得は叶えられなかった。

なお諦め切れぬトロツキーは、自らが欠席裁判となった、見せしめのための「モスクワ裁判」への反論を試み、亡命先のメキシコシティー郊外のリベラ邸から、ニューヨークの競馬場に集まった五〇〇〇人とも六〇〇〇人ともいわれる聴衆相手に英語で四五分、ロシア語で一五分の電話演説を行うことにしていた。だが、始まって間もなく電話線に不具合が生じ、やむなく用意された草稿が代読されたが、三〇分も放ってておかれた聴衆は不満と非難の声をあげた。反対派の意図的な妨害行為ともいわれる断線の修復後、トロツキーは「公平な第三者が、自分をテロの策謀と国家反逆で有罪と認めた場合は、自分はソ連政府に身を任せる」と宣言し、「ワシントンがビザを出しさえすれば、自分はそのような委員会に出席して、証言を行う」と申し立てた。因みにこの電話演説会はA席一・〇〇ドル、B席〇・五〇ドル、C席〇・二五ドルで入場券が売りに出されていた。

●——遺骸ですら米国は入国拒否

トロツキーの米国入国拒否は死後にまで及び、一九四〇年八月二五日の新聞は、ニューヨークでのトロツキー追悼式典の遺骸の持ち込みが、在メキシコ米国領事館に申請されたが、国務省が拒否したことを伝えている。恐らく式典での混乱が予想されたためであろう。許可されれば、式典後荼毘《だび》に付して、再度メキシコに遺灰を持ち帰ることになっていた。

トロツキーを追っていたFBIファイルの最終ページには、一九六三年五月一〇日の『サンファンスター』紙の切抜きが綴じられている。その見出しは「トロツキー暗殺者が、共産テロ学校の指導者に」となっている。ラテンアメリカ諸国に共産主義を広めるために、チェコスロバキア共和国のプラハ大学系列の政経科学大学、農学部の一部を装ったテロリスト訓練施設のことを取り上げている。チェコスロバキアからは多くの行政、経済専門家がキューバのカストロ政権に派遣されていたが、今やカストロ政権のラテンアメリカ攻勢に、その政治テロリストを利用しようというわけだ。自由の身となった「ジャクソン」ことラモン・メルカデルがこの任に当たり、その標的をベネズエラ、パナマ運河、ブラジルに定めていた。だが、ドミニカ及びハイチが当面の目標だともいわれているという。この任に先立ち、ラモンはラテンアメリカでの政治テロ及びゲリラ戦用のマニュアルの編纂に当たっている、と記事は伝えている。

●襲撃の黒幕を告発する

一九四〇年五月二四日のシケイロス一派による襲撃後間もない同月三一日に、トロツキーはカルデナス大統領に抗議の手紙を送っている。同時に新任の刑事局長であるレアンドロ・A・サラサール・サンチェス大佐にも、事件がどのような状況下で起こったかを説明、注意を喚起している。最初、襲撃にしては、被害が奇跡的に少なかったので、事件が狂言ではないかと疑惑を持たれていたのである。

「襲撃はラミレス・ディアス（疑われて拘禁された護衛の警官）や、リベラらが起こした事件なんかではなく、また初めてのことなんかでもない。自分はOGPUの襲撃に常に身をさらされていたし、また自らの身を護るためにもあらゆる手立てを尽くしてきた。襲撃が決行されたのに、私の友人や護衛たちが逮捕され、昨日までの私の友たちが容疑を受けている。だが、世界が良く知っている本当の敵は、逮捕されてはいない。リベラの運転手のことは知らないが、この有名な画家が陰謀に加わっていたかのように仕立てようとするのは「全く馬鹿げた夢想」だ。襲撃者が（大統領選候補者の）アルマサン万歳！と叫んでいたのは、明らかに事件が（反対派を消そうとする）国内政局絡みであるかのように見せかけようとしていたのだ。殺しの後に、罪を誰かにかぶせようとするのは、OGPUの常套手段なのだ。私がリベラと手を切ったのは、政治上の意見の対立のためである。……今日まで捜査の妨げとならないように全く黙っていたが、このように、思ってもいなかったでたらめが横行するようになっては、この国や、よその国の世論に訴えるほかない」

●――モスクワより先に暗殺を知ったFBI

トロツキー暗殺の第一報が、フーバーFBI長官にメモの形で報告されたのは、早くも事件発生の翌八月二一日のことだった。FBIのテキサス州サンアントニオ支所のキングマン特別捜査官は、「昨夜」の出来事として、ラルフ・ウィントン特別捜査官に伝えている。ただしFBIファイルにあるそのメモの内容は、報告者名まで含めて一切黒く塗りつぶされているので、トロツキーの暗殺がなされたという事実以外は全く分からない。その報告に基づき、フォックスワース長官補から、長官にもたらされたメモ形式の報告には、次のような暗殺者に関する詳細な情報が伝えられていた。

すなわち、犯人の「ジャック・モルナール」は、一九三七年三月二二日にカナダで発行された「フランク・ジャクソン」名の旅券を使用して、一九三九年一〇月二〇日にメキシコに入った。彼は一九〇五年六月一三日に、ユーゴスラビアで生まれたが、現在は英国国民と名乗っている。翌年六月に米国大使館で通過ビザを取得してから、六月一三日にはメキシコを出てカナダに向かった。ビザの申請書には、照会人としてブルックリン在住のシルビア・アゲロフの名が記されていた。メキシコシティでは、カナダのナンバープレートをつけたビュイックを乗り回していたが、カナダでの番号取得の記録はなかった。メキシコ番号に変更はされてはいたが、現在番号は確認されてはいない。最初のトロツキー暗殺計画は五月であり、この男もその場に居合わせたことを注意して欲しい。何か関係していたかも知れないし、最初の計画が失敗した際に、この男はモントリオールの誰かにそのことを報告するためにメキシコを離れ、そしてその仕事を仕上げるためにメキシコに舞い戻ったように思える。いつメキシコに戻ったかは、現在明らかにはなっていない」

このように事件の発生及び、犯人の身元や動向が、それこそ一瞬のうちにＦＢＩ長官の手元に達していたことは、ＦＢＩが平素よりトロツキーの身の回りで起こりそうなことに注意を払い、その周辺で動いていた者に、監視の目を光らせていたことを如実に物語っている。

また、一九四〇年八月二二日付の『ワシントン・イブニング・スター』は、ＡＰ電として事件の詳細を伝えていた。その記事の中で、トロツキーが死の床で「暗殺者はＯＧＰＵまたはファシストの手先、たぶん〇GPUだろうが」という言葉を残したと伝えている。また、教会に置かれた棺桶の上には「第四インターナショナルの勝利は間違いない。前進せよ」との最後の言葉が貼り付けられていた。そのガラスの窓越しに見えるトロツキーは、胸まで覆われたサテンの上に両腕を組み、包帯が巻かれた頭の右耳の上には深い裂傷が見え、その山羊髭の顔色は青ざめていた、と生々しく報じていた。

モスクワが事件を知ったのは、英国BBCの放送を情報源とした八月二二日のソ連国営タス通信による『プラウダ』の記事からだった。「メキシコ市の病院でトロツキー死亡。死因は頭蓋骨骨折、近しい関係者による犯行と見られる」とだけである。ニューヨーク経由でNKVDからの現地報告が入ったのは、数日後のことであった。ニューヨーク発のタス通信は、同地の新聞が襲撃を伝えていると同月二二日に報じたが、同日の正午までにはトロツキーの死亡は報じられてはいない。

●詳細にわたるFBIの部内調査メモ

一九四〇年八月二三日付の七ページにも及ぶFBIの部内調査メモは、通常とは異なり、書面の右肩にではなく中央部に入れられた日付の下に、わざわざ「午後三時」と打ち込まれている。刻々の報告がなされていたことが窺われる。犯行三日後にもかかわらず、トロツキー暗殺現場での詳細、シルビア・アゲロフの「ジャクソン」との出会い、シルビアとジャクソンの関係、二人がメキシコに入るまでの足取りなどが事細かに述べられている。殊に、シルビアがヒステリー状態になって、尋問はこれ以上続けられないとの記述には、臨場感さえ読み取れる。

●──暗殺者が利用した「妻」はニューヨーク市の公務員

ニューヨークの特別捜査官補には、前日国務省からもたらされた関連情報と共に、「ジャクソン」が六月一二日にメキシコで申請した通過ビザ申請書の写しまでが送られている。その申請書に照会先の人物とされている、ブルックリン在住のシルビア・アゲロフは、ニューヨーク市の厚生部に所属しており、同部に連絡すれば彼女の求職カードが入手できるとも記してある。さらに、同特別捜査官補は、多くの報道関係者が同住所に現れているので、捜査に当たっている者が報道に巻き込まれないように、特に気をつけるようにしているとも述べている。

また、同特別捜査官補は、「ジャクソン」がバッグを多く所有しているので、その内容検査の許可を求めていることや、資金調達用に用意した信用状に関する調査を行うことの指示も書かれている。さらに重要なことは、「ジャクソン」の引き伸ばし写真を出来次第送る、とまであることだ。シルビアの写真は手持ちがないが、「ジャクソン」の写真に共に写っていることも伝えられている。同捜査官補には、この手紙は取り扱いを慎重にするべきことや、「ジャクソン」に関する情報は何でも重大な関心があるとも伝えている。

同月二三日付のＦＢＩ長官宛メモには、やはりこの男が第一次襲撃にも関わっていたと思われること、トロツキーが今朝は未だ生きていること、凶器が登山用ピッケルであること、逮捕時に犯人は四五口径のピストルと、六インチのナイフをコートに縫い付けて所持していたとある。同日午後四時のメモには、「トロツキー死亡の件」と見出しが付けられている。ただし内容は、『ニューヨークデイリーニューズ』の女性記者が、犯人特定のための指紋を要求していることや、暗殺の動機の自説の展開や、フーバー長官に情報の提供を求めていることだ。

●——FBIの関心は米国共産党とソ連の諜報活動

ＦＢＩがなぜこのように熱心にこの事件に関心を寄せていたのか、その理由もやはり長官補が同日付で長官宛に送ったメモに明記されている。「ニューヨークの担当特別捜査官に、上記二名及びその関連情報を電話で伝えました。彼には、依頼した調査を行うに当たり、本件がこの国における共産主義者の動向、及びその工作員に関する事実関係に結びつくようになるかも知れないことに、重々心して行うように願っておきました。我々はメキシコでのトロツキー襲撃の調査に、関心を有しているのではないことをはっきりさせておきました」

さらにその意向が、サンアントニオの特別捜査官補への捜査指示を報告する九月三日付の長官宛メモにも、はっきりと表明されている。すなわち、「ジョーンズ担当特別捜査官と連絡して、彼にトロツキー暗殺犯を徹底的に洗わせることが絶対的に必要である。殊にそのことは、今ニューヨークに所在しているといわれているOGPU工作員グループの解明に関係しているからだ。暗殺犯は、犯行は自分一人がトロツキー憎さから行ったことで、誰に言われたからでもないと言っているが、それでは十分ではない。メキシコの適切な関係先を利用して、殊に『ジャクソン』と結びついていた他のOGPU工作員がどこにいようとも、その正体を明らかにさせられるように、できることは全て行うように」とある。

●――フーバーFBI長官が尋問の指示

FBIのフーバー長官も自ら、九月六日付の在ニューヨークの捜査官宛速達で、シルビアの妹ヒルダ・アゲロフの尋問を指示している。尋問は、五月に行われたトロツキーの「小要塞」に対する第一次襲撃の後に「ジャクソン」とトロツキー夫人の見送りを受けて、ベラクルス港からニューヨークに向かった、ロスメル夫妻の所在を彼女に問い質すためと、「ジャクソン」が言うところのボスがかつて巣くっていた場所に関して、彼女が知っているかを問い質すためだ。

ロスメル夫人にも丹念に尋問して、彼女が「ジャクソン」とどのような知り合いであるのか、また彼のことをどんな風にとらえているかを聞き出せ、とも指示している。この件は特別扱いにして、手際よく処理し調査結果を遅滞なく報告せよ、調査の各段階ごとに要点を本部にテレタイプで提出せよ、とまで述べていることは、FBIの関心の深さを如実に物語っている。

事件翌月の九月一二日になると、フーバー長官宛のメモでは、何人もの情報提供者が「ジャクソン」の顔写真を確認して、当人を何回も見かけたことがあるとの証言を得ていることを伝えている。「ジャクソン」は大西洋、メキシコ湾、米国五大湖地域の海員組合の組織化に従事していたとも、また、ある者は「ジャクソン」が一九三六〜三七年の海員ストライキ直後に、欧州に出かけたとも述べていた。全国海員組合の「ならず者部隊」は、反共分子の抑圧に当たっており、その首領格はOGPUの工作員で「OGPUの殺し屋」と呼ばれている、とOGPUとの具体的関わりが報告されていた。

●——孤立していた「妻」、シルビア・アゲロフ

一九四一年二月二〇日の長官宛特別捜査官報告には、シルビア・アゲロフは共産党員たちからのみならず、トロツキストたちからも評判がよくないと情報提供者は言っている、と記載されている。トロツキストたちは、シルビアをトロツキー殺しを手引きした女、自分たちをトロツキストでいられなくさせた女として非難している。共産主義者たちも、彼女はトロツキストであり、全く信用が置けない女として毛嫌いしている。彼女自身も両者を快く思っていないので、尋問すれば喜んで情報を提供するかもしれない、と切り口を示唆している。彼女は現在報道陣にさんざん追い回されており、それらを排除するためにアパートの前には警官が配置されている。シルビアの弟は、彼女は健康を損なっているので尋問には応じられない、回復次第、尋問に応じられるようにすると言っている、とメモは述べている。

●――幻に終わった「ジャクソン」奪還計画

「ジャクソン」奪還計画が謀られていることが、FBI長官に次のように報告されたのは、一九四二年一月七日のことだ。

一月二日にメキシコから情報を提供する手紙を受け取っているが、差出人の名前は明かせないとしている。その内容はスターリンの指令でOGPUが「ジャクソン」を奪還しようとしている。「ジャクソン」は四人収容所のあるイスラス・マリアス島に送られることになっているが、護送船が島に到着する前にOGPUが沖合いで、護送船を襲撃して、彼を奪還する計画である。彼は身の安全をOGPUからも、ソ連国家からも約束されている、としている。しかし、この情報はあまり信頼をおけるものとは思えず、彼の解放を熱心に願っている者が作りあげたガセネタかもしれない。当方も、情報提供者の信頼性には重きを置いてはいない。

これを受けてFBI長官は、同月一七日に、ほかの「隠れ情報提供者」宛の通達で、同情報をそのままほぼ文面通りに回覧しているが、OGPUの奪取の意図は、トロツキー暗殺に自らが関与したことの口封じのためではないかと思われる、と記している。

以上、FBI捜査官と本部間のやりとりの一部について、要点のみを紹介した。

最後に、トロツキー暗殺事件と直接の関係はないと思われるが、トロツキー・ファイルに収められた一九四九年一二月九日付のボストンの特別捜査官発、長官宛の手紙には、都留重人（一九一二年〜二〇〇六年。一橋大学名誉教授、ハーバード大学名誉博士号授与、一九三三年に米国留学、ハーバード大学で経済学を学ぶ、一九四二年、日米開戦のため交換船で帰国、一九五七年、ハーバード大学客員教授として米国滞在中に、米国上院非米活動調査委員会に喚問される）の持ち物から発見されたという、露日英三か国語で書かれた「五か年計画と、英・露協力」と題されたパンフレットが同封されていた。「ニュー・リパブリック」に現れたトロツキーの経歴関連記事も、同時に送られていた。ボストン・ファイル 00-9398 中の内務保安、日ロ関連に収められたものだった。

「CIA Historical Review: Program, Leon Trotsky」には、トロツキーの最後をめぐる状況解説が分かりやすく述べられているので紹介したい。

おわりに

NKVDによるトロツキーの暗殺には、彼らなりの冷酷なまでの執拗さや、そのやり口の巧みさと共に、トロツキー自身の、他人を容易に信じてしまう脆さ、不遜さ、強情さが窺われる。モスクワで暗殺劇を描いていた者たちは、トロツキーのこの弱点を承知していて、利用したのだ。トロツキーの死とスターリンの死を比べてみれば、この二人の男の間に見られる対照的な面がすぐ見えてくる。トロツキーは世間知らずであるかのように、他人を容易に信じ込んでしまった。スターリンはそのようなことは全くしなかった。トロツキーは自分が信ずる大義に取り込まれてしまい、自身を見失ってしまった。スターリンはその大義より自身を優先させていた。トロツキーは自分の敵を理解し、説き伏せようとした。スターリンは、敵や、自身の妄想から敵と思った者たちは殺害した。策略家が理論家を打ち負かしたのであり、アイスピックが「野望」を葬ったのである。

例えば、トロツキーは息子、レフ・セドフの死因についていろいろ説明を受けたが、エティエンヌとその助手のリリアが言うまま、その死を手術後の合併症による病死と受け止めた。というのも、彼は、セドフの妻やその周辺のフランス人支持者たちの言よりも、この二人の言うことの方がもっともらしいと思ったからだ。自分はフランス人支持者たちを掌握していると信じ込んでいた彼の尊大さが、いつもながら彼の気をそらさないでいたこの二人の方に傾かせたのである。彼が自分の気がすむような思い込みをしたのは、息子が病死だったとの思いよりも、フランス人支持者たちが分を超えて執拗に自分を説得しようとしたことに対する反発からである。

リリアと話していた時、トロツキーは一九三九年一月に受け取った一通の手紙を取り出した。それは、トロツキーの取り巻きの中にNKVDの工作員が侵入していることを熱心に説いていたものだった。彼が今まで何度となく受けていた警告の中でも、その緊急性と、意味合いは際立っていた。エティエンヌがその工作員であり、裏切り者なのだと指摘していたのだ。署名はしていなかった。一通来たうちの一通は、NKVDの妨害を警戒して妻宛とされていた。差出人はニューヨーク在住のユダヤ系ロシア人であり、日本に亡命したNKVDハバロフスク地方長官のリュシコフ三等大将の親戚であると名乗っていた。彼は訪日の折に、トロツキーの組織の中枢には危険な工作員が入り込んでいると三等大将から聞かされていたと告げていた。スターリンによる粛清が身辺に迫ったことを悟ったリュシコフ三等大将はノモンハン事件の前年一九三八年六月に東部ソ満国境を単身で突破して日本軍に投降し、見返りに極東におけるソ連軍の重要情報を日本側に提供していた人物である。そのリュシコフ大将から得たという、NKVD上層部に関することや、他の、正確且つ明瞭な情報からトロツキーは、その手紙の情報源や情報を信頼に足ると受け取っていたに違いない。そこに書かれていたことは、エティエンヌと息子の関係や、息子のパリ通信についてであり、ＮＫＶＤの指導者たちに勲章をもたらしていたような情報である。トロツキーの書類が紛失していた謎も解けた。「マーク」が盗んでモスクワに渡したと明かしていたのだ。差出人の記述の完璧さ、正確さから「マーク」とは間違いなくエティエンヌのことだと信じさせた。「マーク」が常にソ連大使館と接触しているというのに、パリでのトロツキーの忠実な同志たちがそれに気がつかないでいたのを知って、リュシコフ自身も呆れていたことまでも記していた。

トロツキーはこの手紙をリリアに見せて、問い質すか、話し合おうとした。それは初歩的な安全上の予防を考慮すらしようとしていなかった、あり得ないようなことだった。そのほぼ一年前にトロツキーは、リリアとエティエンヌの二人は裏切り行為を行っているという非難の指摘を受けていた。彼はこの手紙に対するリリアの反応を見てみたかったのか、また、彼なりの自尊心と、尊大さの誇示のために、この種の手紙を何通も受け取っていることをリリアに見せたかったのかは分からない。このことは、いつも通りの記録には一切記してはいないからだ。リリアは後の証言で、この手紙は「トロツキーの、パリでの信頼できる、僅かな同志を奪うためのＮＫＶＤのいつもながらの汚いやり口」だと彼に言ってやったと述べている。

オルロフ（スターリンの刺客による暗殺を怖れ、カナダに逃れた元ＮＫＶＤ大物工作員。六七頁以下参照）の、その警告の手紙は、トロツキーに身の安全を図るべきだと緊急に訴えたものだった。「身辺に現れる者は、男であれ、女であれ、誰も信じてはいけない」とある。差出人はトロツキーに、『ソーシャリスト・アピール』紙に「スタインからの手紙は編集者が受け取った」と載せて、その手紙の受け取りを確認をするように要求していたので、トロツキーは「スタインさん、直ちに『ソーシャリスト・アピール』紙に出向いて、同志マーティンと話されたし」と応じた。だが、現れた者はいなかった。オルロフは一九五七年の証言で、自分は出向き、同志マーティンを横目で見はしたが、信頼できないと思って立ち去ったと述べている。代わりにトロツキーに電話で話そうとしたが、自分のことを、執拗に取材を迫る記者の一人だと思ってうんざりした秘書が応対しただけで、トロツキーは電話口には出ては来なかったとも述べている。

リリアとの話し合いでトロツキーがこの二人に対する信頼を深めたことは、彼の通信文からも明らかである。二人の忠誠心の純粋さにもはや疑いはなく、ヨーロッパでの支持者の中には彼女の背信行為を新たに口にしている者たちがいる、とリリアが告げても気にするようなことはなかった。その後リリアはエティエンヌに次ぐ位置を占めながら、第四インターナショナル・ロシア部関連部門の主筆となり、会報発行の責任者となっている。

トロツキー暗殺団は国をまたいでの手段や、能力も有してはいたが、最終的な実行計画は遅々として進まなかった。工作員の多くにはヨーロッパでなさねばならぬ仕事が多くあったためである。トロツキーによると「けだもの同然のGPU」がモスクワでの追放裁判の続きでもある、大量追放が行われていたスペインで、左翼反対派たちの粛清に忙しかったからである。その後、個々の工作員がスペインからメキシコに移動し始め、このことは、トロツキーにとってはその後の警告の流入の始まりとさえなっていた。

ジャクソンの身元調査をすべきだとのアメリカ人同志の進言にも、彼はアゲロフの夫である、としていたトロツキーは同意をしようとはしなかった。他人の進言を無視するのはトロツキーの持ち前の性格だった。自身でも、そうせねばと思っていたことをできなくしてしまったのは、このアメリカ人同志の進言に抵抗があったからだったかも知れない。ソブル兄弟や、オルバーグやエティエンヌのようなＮＫＶＤのスパイたちと手を切って、安全上の措置を取るようにという、熱烈な支持者たちからの進言を過去にも取り入れられないでいたことから分かるように、彼の自身過剰こそが自身の政治活動を台無しにしてしまったのだ。他人の勧めも受け、自分自身ですら予知していたというのに、ジャクソンの身元調査を頑なに拒否していたことが、彼を破滅に追いやったのだ。メキシコ政府は、他の受入国政府が過去にしてくれていたように、入念な安全保護措置を取ってくれていた。ＮＫＶＤの邪悪なやり口を考えても、彼に謙虚さとか、同志たちの意を汲む度量が備わっていたら、また自分に友好的で、信頼できる友人たちの言に耳を傾けていたなら、彼は命を失うようなことはなかったかもしれない。

あとがき

早稲田大学英文科在学中から、英国の作家ジョージ・オーウェルの虜となり、サラリーマン生活を終えた後に、その研究成果を評価されて、早稲田大学に講師として迎えられた大石健太郎氏に、同じくサラリーマンOBの、同好の仲間十余人と、ジョージ・オーウェル研究の手ほどきを受け始めてから、早や一〇年がたった。

『動物農場』を手始めに、こつこつと読み重ねて来た多くのオーウェルの著作、評論から、文学とは縁遠かった私が強く受けた印象は、オーウェルは間違いなく、トロツキーのそれと相似た、ナイーブとも言える一途《いちず》な社会的正義感の持ち主であるということだった。本書を書き始めた動機の一つが、彼の正義感への共感であった。

その正義感はオーウェル、トロツキー両人が共に味わった、社会の底辺に身を置いた、または置かされた体験に裏付けされたものである。オーウェルは『ビルマの日々』の中で、決してハイクラスなどではないイギリス人たちが、現地人を見下し、自分らの社会には容易に受け入れようとしないでいる社会の偏見、不公正さを批判している。また、オーウェルの著作のエネルギーの出所は『パリ・ロンドン放浪記』でも、『葉蘭を窓辺に飾れ』でも、自身貧困のどん底の中で見た普通の人たちへの共感であった。『カタロニア讃歌』では「社会の正義」のために自ら進んで身を投じたスペイン内戦で見た争いの醜さ、期待感への裏切りに対する失望であり、『一九八四年』でも普通の人の、普通の生活を認めない監視社会の恐ろしさ、愚かさであった。

トロツキーも度重なる投獄、国外追放、多くの同志及び家族への迫害、「ビザなしの惑星暮らし」、亡命、という次から次に見舞われる相次ぐ悲劇的な逆境にもめげず、地主に搾取されている「ペザント（農奴）」や、経営者の意に従わざるを得ないでいる「産業労働者」という弱者、それもソ連国内のみならず、世界中の弱者を救済しようという広遠かつ荒唐無稽とも言える「野望」の実現を目指しながら、また遂《つい》には暗殺されるという運命に翻弄されながら、自らの信ずる社会正義の実現に身を投じた生《い》き様《ざま》は、オーウェルのそれと相通ずるものがある。

この両者の思いが同時に出会った、スペイン内戦の一面では、後にトロツキー暗殺を企て、指示し、実行に関わった者たちが表に、裏に活動していた。メキシコに安住の地を得たはずのトロツキーの息の根を止めて「野望を散らさせた」のは、こういったスペイン内戦の参画者たちであったのである。

襲撃現場で捕らえられ、死刑がないメキシコの最高の極刑である二〇年の実刑を受けたトロツキーの暗殺実行犯ラモン・メルカデルを奪還せよというＮＫＶＤ（内務人民委員部）の途徹もない計画が、ソ連の公式外交電報を装った、ＮＫＶＤ本部と出先工作員を結ぶ難解な暗号電報の内に見えてきたのは、一九五〇年代になってからのことであった。その暗号電報の一方の重要な部分は、米国の原爆開発を行っていたマンハッタン計画の中心に食い込み、家族が迫害を受けたナチへの報復を目指し、また米国の核独占を怖れた科学者たちが、ＮＫＶＤ本部に逐一その開発状況をもたらしていたことだ。双方とも極めて難解な暗号電報を解読せんとする米軍通信情報部の VENONA PROJECT から浮かび上がってきたものである。この VENONA PROJECT の詳細は、「日露歴史研究センター」が二〇〇三年一〇月以来、不定期的ではあるが、三か月に一回の割合で刊行し続け、今や二三号にも及ぶ「ゾルゲ事件関係外国語文献集」の一七号から一九号に連続で掲載されており、それが本書の第五章、六章の根幹となっている。

こうした歴史上の出来事にまつわる、連続したエピソードを採り入れながら、歴史ノンフィクションとして一冊の本に纏め上げることができるきっかけを作ってくれただけではなく、豊富な著述経験に基づいたノウハウを具体的に教示しながら、終始励ましてくれた同センターの白井久也代表はじめ会員の仲間に、まず心からの御礼を申し上げたい。さらに大石氏はじめ、オーウェル読書会の仲間から受けた啓発にも、大いに感謝のほかない。

そうした中で、株式会社社会評論社の松田健二社長には、今まで翻訳、共著、共訳しか出版経験のなかった私に、今回初めて本格的な著作の処女出版の機会を与えて頂いたことに対して、厚く御礼を申し上げたい。また分かりにくい原稿をプロフェッショナルの立場で読み、適宜書き直し、書き込みの知恵をつけていただいた上に、信じられない位の速さで、刊行までの作業を手際よく進めていただいた、同社編集部の新孝一氏にも、心から感謝を述べたい。

終わりに、本書の出版を喜んでくれた、旧友の元米国歴史学会会長、ハーバード大学教授入江昭氏、さらに、妻百々子及び子供たちとその家族の言葉も、私にとって、大いなる励みとなったことを付け加えておきたい。

二〇〇九年一一月

篠﨑　務

参考文献

『Wall Street and the Bolshevik Revolution』 by Antony C. Sutton
『Since Lenin Died』 by Max Eastman
『Forty Years Since Leon Trotskys Assassination』 by Lynn Walsh
『My Life』 by Leon Trotsky
『Animal Farms』 by George Orwell, Penguin Books
『Homage to Catalonia』 by George Orwell, Penguin Books
『1984』 by George Orwell, Signet Classics
『Iberia』 by James A. Michener, Fawcett Crest
『Obituary Leon Sedov』 by Victor Serge
『Special Tasks: The Memoirs of an Unwanted Witness』 by Pavel Sudoplatov
『The Assault on the House of Leon Trotsky』 by David Alfaro Siqueiros
『The Assassination of Leon Trtsky』 by Estevan （Seva） Volkov
『The Assassination of Trotsky』 by Lynn Walsh
『Trotsky, a pictorial biography』 by David King and James Ryan
『With Trotsky to the End』 by Joseph Hansen
『Report of Dewey Commission - 1937』

『VENONA』 by J.E.Haynes and H. Llehr, Yale University Press
『The Venona Story』 by Roben L. Benson
『CIA Historical Review:Program Leon Trotsky』
『FBIファイル 65-29162号』
E・H・カー『コミンテルンとスペイン内戦』富田武訳、岩波書店
片島紀男『トロツキーの挽歌』同時代社
トロツキー『裏切られた革命』山西英一訳、論争社
大石健太郎『荒ぶる魂の遍歴』日外教養選書
ジョージ・オーウェル『動物農場』大石健太郎訳、未刊
トロツキー『スペイン革命と人民戦線』清水幾太郎・沢五郎訳、今泉誠文社
D・イバルリ編集『スペインにおける戦争と革命』秋山・石井・藤江訳、青木書店
バーネット・ボロテン『スペイン内戦』渡利三郎訳、晶文社
楠裕次編著『考証　ノモンハン事件』私家版
加藤陽子『満州事変から日中戦争へ』岩波新書

主要登場人物索引

篠﨑務（しのざき・つとむ）

1934年東京都生まれ。

1958年早稲田大学卒業。同年江商（株）入社、産業機械部勤務。

1967年、凸版印刷（株）入社。同社国際部長、トッパン ムーア システムズ（株）国際本部長・常務取締役歴任。米国に16年、オーストラリアに3年駐在勤務。

日露歴史研究センター幹事、ジョージ・オーウェル読書会会員、アメリカ野球愛好会会員。

訳書：『米国公文書ゾルゲ事件資料集』白井久也編（社会評論社）、共訳書：『二つの脳を持つ男』パトリック・ハミルトン著（小学館）、『ジョージオウエル評論集』大石健太郎監修（彩美社）、他アメリカ大リーグ関連書4冊。

トロツキー暗殺と米ソ情報戦

2009年11月7日　初版第1刷発行
著　者＊篠﨑務
発行人＊松田健二
発行所＊株式会社社会評論社
東京都文京区本郷2-3-10
tel.03-3814-3861/fax.03-3818-2808

http://www.shahyo.com/
印刷・製本＊技秀堂

Printed in Japan